APA

A Dialog of Spacetime

> What I say & do today,
> decide my future & define me.
>
> 今日的言行，造就明日的我。

By: **Sauce Huang**

作者：黄酱

Order this book online at www.trafford.com
or email orders@trafford.com

Most Trafford titles are also available at major online book retailers.

Printed in the United States of America.

ISBN: 978-1-4907-4882-5 (sc)
ISBN: 978-1-4907-4883-2 (hc)
ISBN: 978-1-4907-4884-9 (e)

Library of Congress Control Number: 2014918164

Trafford rev. 10/13/2014

 www.trafford.com
North America & international
toll-free: 1 888 232 4444 (USA & Canada)
fax: 812 355 4082

Dedication

To Jo-En, Paul and Jay

What I say & do today,
decide my future & define me.

今日的言行，造就明日的我。

Catalog:

APA

A Dialog of Spacetime

What I say & do today,
decide my future & define me.

今日的言行，造就明日的我。

Preface

Spacetime mixes space and time by length contraction and time dilation. The length contraction started after the Michelson Morley experiment (MMX) was unable to get the expected result in 1887 and the time dilation started after Einstein published his paper dated 6/30/1905.

The way scientists of physics allow these two ideas to work together is to combine them into a transformation named Lorentz Transformation (LT). However on the same paper of time dilation Einstein let the time dilation go beyond the limitation of LT and let time dilation work for circular constant speed and any other kind of constant speed. That expansion beyond constant velocity broke the symmetry between LT and inverse LT because, without constant velocity, the stationary frame S is not going to move under constant speed relative to S'. It is obvious that an observer A moves at circular conatant speed relative to another observer B at center point is not reversible due to the spinning of B or S'.

The expanded time dilation was named Special Relativity (SR). It is special because within the situation of missing constant velocity, there is no inverse SR. That is why there is a twin paradox in SR.

If one of twin brothers in a space shuttle moves from an outer space station at a constant speed along a circular loop and another twin is waiting at the station for his turn to replace his brother, then each time the space shuttle passes the station, the twin in the space shuttle will see his brother gets older than last trip.

That situation is not symmetric so that when they switch position after they meet ten times, if the trip is long enough and the speed is fast enough, the switch could be between the traveling twin and the grandson of the stationary twin, because he passed away already.

Einstein extended SR one more time from constant speed to all speeds. The new idea was named General Relativity (GR).

Since the direction of a gravitational force is always pointing to the center of mass, LT becomes a theory within a tangent plane and it is for studying the approximation of GR and SR only.

Scientists of physics have helped people to test SR and GR for almost 100 years. Before the end of the 20th century they already agreed to put SR and GR into text books of physics. Now we are in the 21st century and GR, which includes SR, is an established knowledge of physics.

Tonya is a high school student who had her seventeenth birthday party in last month. Albert is her grandfather, sixty-seven year old, a professor of history. Tonya was wondering if she should study physics. This book is part of their recent conversation in late September 2014.

I did the proofread twice for this book. I am sorry that I will have to let the second edition to complete the final proofreading. Why? Because this is my third book in this year and I am really tired. ☺

Sauce Huang
October, 2014 in Redmond, WA 98052

1. English

T: Grandpa, I love reading history but I also want to dig out something makes sense in spacetime, do you think I should take history or physics as my major?

A: Do you think history makes sense?

T: Why should history make sense? History is just a tiny part of the things happened before. It comes with more or less of opinions provided by authors or story tellers. We don't need formulas for history so that there is no judgment point in history. How can history make sense? I don't get it.

A: When you select your topics for your paper, will you pick up your target randomly from the whole history?

T: No. I think I need to read more to find my target. I will have to discuss it with my instructor as well, I guess.

A: Then you select for some purpose and with a purpose in your mind the history must make some sense to you if you select it.

T: Why? When I select, I consider if I like to spend my time on that piece of story and if my instructor would agree to it, but the history itself is still objective, isn't it?

A: What is your definition of the objectiveness in history?

T: Well, history might be not very objective before TV era, but from the day people could get live news on, I believe that history has been more and more objective. The purpose people work on archeology is also to dig out the objective history, isn't it?

A: That is a very clear explanation, not bad. How about the text books of history?

T: I, I think you do have a good point there, grandpa. Okay, history may make sense to some professors like You, to be put into text books. I also heard that even the TV news stations are controlled by a few powerful people. However, I think these phenomena are all part of truth. I mean, any story, even an autobiography, will include only part of fact, some opinions, may or may not include intentional change to the fact, and most likely more or less of author's or editor's mistakes regarding the usage of related languages. Then, could we include all of these as part of the objective fact of the past so that history is very objective under that definition? I believe most historians try to keep history as is, even they did put their opinions in their wrtings.

A: I remember that your answer to this kind of broad question was "I don't know, grandpa, give me the best answer. Please?" in last summer. Now you have your own opinion. Very good. How about tell me which way of dividing history, you like the most, among the history books you have read?

T: Grandpa, you cannot always change topics. I need your input to my question. Here are my related questions: what is your definition of history?

Or, actually, how you get your final definition of history? Do you try to make some formulas out of history? Do you believe in fate? Do you think a belief is the result of reasoning or it is independent of logics? I think there is no formula relative to fate, what do you think?

> A: If you like to be a historian you should find all the answers for yourself, right? I was helping you to answer yourself.

T: Everyone knows history is the study of the past. But that is not the definition I asked. I need more detail, especially regarding the objectiveness of history. I need your input about "objective history". You confused me, grandpa.

> A: Give me your note book let me draw you a time line then we can link history to your spacetime. That way, you may get your answer by yourself. Look, history is about events on the time line, right?

T: Yes.

> A: Now, do you like to look at each event as independent subject or to collect some related events and read them as a story?

T: I know what you meant now. I think I know. Do you mean when a historian looks for stories, the historian works on history subjectively and when the historian looks for event itself, it is objectively? Don't just smile, grandpa. I need your confirmation.

1-1. History

A: You are smarter than most of my students. No wonder your mathematics teacher had to go back school two years ago. How is he doing at class? Getting better?

T: Oh yah. He is the most popular teacher voted by our classmates at the end of last semester. Mathematics is the most important knowledge to human beings, right?

A: That is why I asked you which way of dividing history you like the most. Now you just divided history into two categories.

T: You mean objective history and subjective history?

A: And you try to select mathematics as the most important knowledge. Actually, history itself is knowledge, isn't it?

T: Well, I read a book talking about the history is not for the world or the universe, it is for people only. In zoology, people talked about some evolution of animals or plants but people don't care about the future of plants and other animals. It's 96 years after "The Decline of the West" was published but in the "high school world history" I still see the western portion only. I assume that, important history is part of knowledge but not the whole history. Most details of events or fictional stories should not be considered as part of knowledge. Grandpa, do you think history is knowledge?

A: Depend on how you define knowledge and history. Normally, history is an umbrella term that relates to past events and all kinds of interpretation for information about some selected portion of these events. You may select events relative to science, religion or social life to study history and definitely you may collect the events and expected future for some species of animal if you want it. So, what do you think?

T: I rather put history as information, not knowledge. Before I use some history to create some theory, have some fun or to make some money, that part of history is just materials or data, not part of knowledge, to me. Like the samples of historical events in Spengler's book can be regarded as part of knowledge, but only within that book. They are not knowledge by themselves. I think knowledge depends on usefulness, big or small. Do you like my definition, grandpa?

A: Do you consider Novels like "Harry Potter" or "The Magicians" as part of knowledge to you?

T: Yes. They are interesting and fun to me. They are also useful in communicating with my friends. But they are not part of important knowledge to me. I may take some time to review " The Decline of the West" in the future but most likely I will not read "Harry Potter" again. However, one of my classmates has read "Harry Potter" four times and she told me she was unable to finish "The Decline of the West". I am confused again, grandpa. You are good on confusing me, aren't you?

13

1-2. Knowledge

A: I am still learning, someday I may be really good on that. Do you know? It is getting harder now, looks like I will not graduate from this project of confusing you. What is the second important knowledge to you?

T: Love is the main content people need to fulfill a life so love is my choice.

A: If the meaning of a life is to love why this is second to your mathematics?

T: Don't know. It just popped out from my intuition when I said it. I think, may be logic is important but the best tool to practice logic is mathematics.

A: Why logic is more important than love?

T: Grandpa, you study history right? Come on, love is blind, always. I mean, how can love go, move or work, whatever you name it; without logic? The most critical part is timing. How do people know when to start an action or an expression of love? So, logic is the instructor of love. Logic also tells people how to love effectively, at least properly. Without logic, love can be very harmful!

A: You mean hate?

T: Yes. I think there is no hate without love. Hate is just an unreachable love. That's why Buddha suggested to get rid of hate or anger is to get rid of love or desire.

A: Interesting, I did not know that you learned Buddha's teachings too. How logic keeps hate away from people?

T: Grandpa? I did not say that! I just said "can be very harmful". Don't you know that there is something named fate? How can logic win over fate?

A: Okay, my bad. Now you are happy. Where did you collect all these ideas?

T: Don't know. I think they are the combination of science and history because I have spent three summers on books of history and science. I love those books of history. Yes, yes I have read all of your books, okay? But I did not enjoy the science. I was just a little bit curious about spacetime. Most books of spacetime are no fun at all.

A: How do you compare science and history?

T: I told you, I think history is just some data. I think science is part of knowledge, actually the major part of our knowledge. I may define knowledge as useful part of the history to the event people are in. I think science can be defined as a collection of frequently used knowledge with formula or formulas now and here. I think science changes as time goes.

A: I think your idea about science is good, very good. Remember what I told you that last summer?

T: You just want me to say "You are smart." Once again, right? Yes, you are smart. What is your definition?

15

A: I don't believe that you forgot it. Come on, Tonya?

T: Let me think about it. You said that science is simply a business of data mining. Did I say it correctly?

A: Here you go. What do you think?

T: I don't know. I think it is a smart answer but it is also a little bit tricky to say so. Why? It will be hard to separate knowledge and science. What is your definition of knowledge then, grandpa? It is the same right?

A: No wonder all your teachers say that you are a good trouble maker. Let me think about it. I will say the difference is on the attitude. The business of science is more strict than the business of knowledge. Like common sense is the collection of popular knowledge in related local area which include the customs. A rite in a custom is always not as strict as a procedure of an experiment of science. Does this definition sounds good to you?

T: That's good enough. The attitude of doing business. It's interesting. What do you think is the most precious gem in science? Grandpa, you are a professor of scientific history, it's a piece of cake to you.

A: It depends on which respect you are talking about. In general, I think the usage of negative number is important but internet with email is definitely a precious gem.

T: How about function theory of mathematics? Newton's law of motion and Special Relativity? I think these are more essential.

A: Hay! Did you ask for essential? Now, tell me why function theory of mathematics is essential in science?

T: I think it is the bridge which links data and formulas, information and theories, or history and knowledge. That is why it is essential to science. I think function theory of mathematics brings science into the world.

A: I don't understand the last sentence. Mathematics is the study of numbers and space but there is time in the real world that is where the calculus step in to help, but, function theory? You must be joking, are you serious? Wake up, Tonya.

T: Yes, I am both serious and awake, grandpa. Think about science. Science is just a collection of formulas relative to some restricted conditions in the real world, Am I correct?

A: Wait a minute, you went too fast. Remember that I am old. You said science is just a collection of formulas. Do you mean I am not working on some kind of science just because I don't use formula in my work?

T: How dare I say so? When you decided which scientific event happened earlier, you used the calendar, the chronical formula, am I correct? Otherwise how did you decide it? Did you flip coins?

A: Tonya!!

T: Okay, I won't laugh. Then, think about how scientists know if their experiments can verify some scientific theory? I mean before they measure and calculate?

17

A: Their expectation of the experiment must be valid. I guess?

T: You are too humble, grandpa. Yes, logically. They like to make sure that logically speaking their experiment is relative to the theory and the expected result must be significant enough to be accurate within allowed errors. The first one of these two check points is the job they should use function theory of mathematics. Actually, when scientists created a formula they must check the formula by function theory of mathematics as well.

A: How about when people started using fire to light their night? There was no mathematics yet. Don't look at me like that, science is not always relative to numbers or mathematics.

T: There were no mathematics but they used arithmetics. They knew how to count the torches and they knew that it was brighter with more torches. Science is about numbers and the related formula, Even if they did not make a formal formula, they knew it was about twice bright with double of torches. That was science. Do you agree?

A: Well, I guess you have your point explained clearly. Besides the torches there was a date when it happened the first time on earth. The date is there even if we have no way to find that date. However, scientists study people as an individual or as a group. Like you said, love is the main purpose of a life, when scientists analyze the love within a person or among a group of people how do they measure love?

T: Grandpa, that is why religion is considered beyond science and psychology stands in between them. Doctors try to measure the degree of pain with help of patients, right?

A: What is your question? I was thinking about the relation of religion and science; who told you religion is beyond the science? So long as the religion actually existed in the history and exists in current world it is part of science.

T: Grandpa! I will get Jennifer to help me on this. Don't go away.

A: All right. Let's put this issue aside. Let me mark religion on the time line and deal with it later. Don't get Jennifer, she is a believer but in science you prove, not believe, do you agree? I will show you how scientists have been dealing with religion next time. Now, back to the pain, what did you say about pain?

T: I said with help of patient doctor can try to measure the degree of pain. So, love can be treated like that.

A: Then, why "believe" cannot be treated like that?

T: Grandpa, you confused me again. Last time you said that you totally agreed with Jennifer about religion "is" beyond science for three reasons. Now you told me the degree of believing is measurable. Remember that? You told Jennifer all the ghost issue, the miracles issue and the soul issue were hard to exam by science.

A: Did I say so? But believe is a different issue. Isn't it?

T: That's why you confused me. Let me mark believe beside the religion. Let's skip both of religion and believe. I need to know what scientists have said about spacetime, so far. Grandpa, I have a kind of feeling that I can explain the spacetime to general public before I die. That's why I have to decide if I should take physics as my major. I don't think I like to take two majors. Basically how scientists link space and time?

A: Actually I have searched it for years and there is no paper dealing with how spacetime can improve people's living. Let me get a classical book about spacetime to show you how they link space and time.

T: I know, the "Six Not-so-easy Pieces". Don't you think it is too old? Which edition do you have? It's year 1997, I guess they use same ISBN number, 0-201-15025-5, interesting, only four numbers in ten digits. I had discussed the Figure 3-2 with my physics teacher. Here it is. Actually, let me use Figure 3-3. Grandpa, do you think the Figure 3-3 is a valid diagram?

A: What do you mean by valid?

1-3. Science

T: Look at the (a) of it, it is for a "light clock" at rest in the S' system. If S' moves in S at velocity u then the light ray emitted upward, vertical to the table, will move up vertically relative to S. It is not relative to S' like the (a) of Figure 3-3 because the behavior of a light ray is independent to the motion of the source of the light ray, right?

  A: Good question! In that case, the light ray will go up relative to the absolute stationary space, not S neither.

T: There you go. You are great, grandpa. If we assume S is the stationary space, then (a) of Figure 3-3 will not be a valid diagram so that the reflected ray will not hit the emitting point on the source of ray.

  A: I think Richard Frynman had his reason when he wrote that book. Actually I have seen a lot of text books using the same diagram. What did your physics teacher say about Figure 3-3?

T: I did not ask him about it. We just talked about Figure 3-2. Grandpa, the key point of Figure 3-2 is the same as Figure 3-3. Here, in Figure 3-2, my physics teacher said, so long as the distance between the source and the detector remains the same, the detector should not detect any change to the phase of the light. Do you know why?

  A: No.

T: No? Me neither. Any way he said the key point was the behavior of photons. When photons lined up to make a ray, the way they breathed was so amazing that a photon knew the phase of the photon before it so that it would match that phase when it advanced to the position. Nobody in our whole class understood it but I liked to know so I asked him to draw diagrams of each step and some of us finally got it. Let me show you. It is very clear when the source of light spins. You see, while the speed of a photon in vacuum is a constant, the speed of ray can be any positive real number or zero. Do you understand this?

A: Interesting. That means the Figure 3-3 is dealing with the speed of a photon and the Figure 3-2 should deal with the speed of a ray because the MMX compared phases of two rays but Figure 3-3 focused on a single photon.

T: Grandpa thank you thank you thank you. Yes, you are right! I did not think about that point. You are really good. Now here is what I figured out for the Figure 3-3 recently. I thought, scientists assumed that the speed of a photon was independent of the speed of the source but the direction of that photon was the vector sum of the velocity of photon and the velocity of source. I searched my idea for three hours but was unable to find that idea in the websites. Grandpa, could you search my idea, the property of light vector, for me? I know that you have a powerful computer with a good search engine at school. Could you help me, please?

A: No problem. Your idea can explain the Figure 3-3 perfectly. Tonya is a scientists. I believe that you will establish some knowledge within history if you select history.

T: Grandpa, do you really think so? I do love history more than spacetime. The main reason I consider physics is because it looks easier to clean all the misunderstanding of spacetime for general public than to create a new branch of knowledge in history.

A: Yes, I really think so. What else do you think is the winning point of spacetime?

T: You know, Special Relativity is a big issue in last Century so that if I can make it easy I will consider that result is a big achievement of mine. Grandpa, just think about so many movie, TV series and noval of time travel between history and now. They even stop the time, freeze all actions except, you know, the action of changing history. With help of computer, a hero can prevent an accident at a precise timing in history, like real. Some stories are very good. I believe that people don't need Special Relativity to have fun of going back to change history. Do you think so, grandpa?

A: Sure. We have imagination. Well, about spacetime, I don't understand the inertial system after they mixed time and space into four-vectors. It is beyond my imagination. Do you have solution for me?

1-4. Spacetime

T: Let me try it. Let's use this "Six Not-so-easy Pieces" to understand new definition of "motion". I believe it started from the definition of the distance in the idea created around 1906 by Henri Poincare to adopt Einstein's time dilation into Minkowski space. That is a four-dimensional spacetime coordinate with time as the imaginary 4th coordinate ict. In the 4th coordinat ict, t is the event time, c is the spped of light in vacuum and i is the imaginary unit used in complex number. I will show you this design. Let's start from an unknown factor k for the 4th coordinate so that it is kt and kt' and the distance is invariant under LT. You know LT is for Lorentz Transformation right?

A: Yes or no. I am getting headache now. Do I have to know this distance relation? $(d'^2) = (d^2)$?

T: Grandpa, it depends on you. If you like to know the new inertial system, then, the definition of distance in the four-vectors Minkowski space is the key. I mean, why do you see the so called signature? Don't you like to see why there is a different sign? What I am going to tell you is not in the text books. I got it last summer. You are my first consultant and I do hope you could comment on my idea. Sounds like a deal?

A: Really? Okay, show me.

T: Here, look at the equation (3.9) on page 65. I will show you $(k^2) = -(c^2)$. What?

24

A: What is the physical meaning of the distance in the
   Minkowski space?

T: Oh, that is a mathematical extension from three-
   dimension to four-dimension. A point in three-
   dimension coordinate system is an event location. A
   point in four-dimension system is an event. It is
   (x, y, z, kt). The distance is how far an event is away
   from the origion point (0, 0, 0, 0) just like how far
   an event location is away from (0, 0, 0). Now, I will
   show you how to decide the k.

A: Wait a minute. Why do we assume (d'^2)=(d^2)? What is
   the physical meaning of it?

T: That is because in LT, we let t'=t=0 when the moving
   origion point meet the stationary origion point. As
   you can tell in the three-dimension system, when two
   systems Ca and Cb have same origion point, then for
   any given point in the space, its coordinate in Ca and
   Cb will have same distance from origion point. Let
   me write it for you.

   (xa^2+ya^2+za^2)=(xb^2+yb^2+zb^2) ---(1). Right?

   We then extend this idea to four-dimension in LT. Do
   you get it? Grandpa?

A: Not really. Just a very weak hint. You see, The inertial
   system in classical physics is based on constant velocity.
   That is when an object moves as time goes on. After we
   made the time into one of the coordinates, What is the idea
   of constant velocity in four-dimension system?

25

T: Now you are a good trouble student. We use Galilean Transformation (GT) to explain the principle of relativity, this is understandable, right? It is basically the same in LT, isn't it? The Minkowski space is a mathematical format to explain more application of LT naturally and logically.

A: Okay. I will take it for now. Let me mark it on the time line, 1908, right? I mean, the Minkowski space. I remember some where in that book it said 1908. Here, at introduction, page xv. Now, continue please, teacher Tonya.

T: Now we have the following invariant equation in 4D: $(x'^2+y'^2+z'^2+(kt')^2)=(x^2+y^2+z^2+(kt)^2)$ --- (2). Minkowski space is for LT so that $y'^2=y^2$ and $z'^2=z^2$ then we have $(x'^2+(kt')^2)=(x^2+(kt)^2)$ ---(3). Einstein let observer report special events which happen at the moving origion point. In that case we have $x'=0$. Then based on LT, when $x'=0$ we have $t'= t/\gamma$. Put both relationship into (3), we will get $((kt/\gamma)^2)=(x^2+(kt)^2)$ ---(4). Let's divide both sides by (t^2) and let $((x^2)/(t^2))$ be expressed as (v^2) then we have $(k/\gamma)^2=(v^2+k^2)$ ---(5). Almost done, since $(1/\gamma)^2=((c^2-v^2)/(c^2))$ we have $(k^2)((c^2)-(v^2))=(v^2+k^2)(c^2)$ ---(6) then $-(k^2)(v^2)=(v^2)(c^2)$ ---(7). The equation (7) means when $v>0$, we always have the equation $(k^2)= -(c^2)$ ---(8) so that $k = ic$ or $-ic$. Wah, a great job right?

A: Let me check the equation (6). Okay, looks good.

T: Thanks. Now, there are three kinds of distance, mathematically speaking. The first kind is when we have $(x^2+y^2+z^2)=(ct)^2$ ---(9). the distance between the event location and the origion point is the same as the speed of light times the event time. Since in Minkowski space we assumed t'=t=0 when S' and S match each other as the origion points meet, (9) also means the photo of event just arrive the eyes of the observer at origion point. These events are on the light corn of Figure 5-3 and the distance of any two events on the light corn is zero. Here is the diagram. They are called light-like intervals. When you open your eyes, all events you see are on the light corn with your eyes at the origion point, simple like that!

A: What did you say? Is that right? Interesting. This diagram is not as good as other text books but your view point is a perfect description of light corn. So, the history is the area 2 of Figure 5-3. Very good, Tonya. I did not think about it before. No wonder you like to dig into spacetime. What else do you know.

T: There is one thing I am not sure yet. I knew that in LT if we just observe events occurs at origion point of S, then we will have t'= γt. If we put x=0 and t'= γt into (3) we will get the same value for k, k=ic or –ic. That means LT also support t'= γt. I read a book named "Lorentz Transformation for High School Students" recently. It says when v=0, LT is (t', x', y', z')=(t, x, y, z) and when v>0, it is (t', x', y', z')=(γt, - γvt, y, z). I need to review that book again later.

A: You mean, t'= γt?

27

T: Not only t'= γt. It says when v>0, LT is for the events with x=0 only. Can you believe that? That's why I have to read it once again. Grandpa, do you have "On the Shoulder of Giants"?

A: Sure. Let me get it. Which page you are looking for?

T: I am not a genius, grandpa. I work hard. I need your help to confirm my idea from your co-worker at university who understand General Relativity (GR). Give me the book, I will show you my points. Let me write it on the time line. Here, page 1200, The Foundation of the General Theory of Relativity. He tried to expand the LT to a new relativity theory for any kind of motion, including free falling in gravitational field and spinning. Grandpa, my first question is that if LT is like what the book "Lorentz Transformation for High School Students" said then how could GR find a new theory to support it's equation if GR is verified by a lot of experiments?

A: Good question. You may like to review that book seriously.

T: I will do it next summer. However, I have other question related to this Einstein's paper in year, let me see, year 1916. Here is my second question. On page 1204, here, it says in case of the absence of gravitational field SR is true. However, that particular case is a space of no mass at all and if there is no object to observe how can SR apply to anything?

A: It is a valid question. I will ask George tomorrow. What else?

T: Quite a few. Let me write it here for your reference. On page 1204, It states "In a space which is free of gravitational fields we introduce a Galilean system of reference K(x, y, z, t)…". My comment is, it does not make sense to introduce GT for an empty space. Now, I will start my third question. I think I will just list three questions today. The third one is from page 1239 to 1241, from equation (67) to equation (72). The (67) defines the motion of the material point, approximately; and the (68) defines g44 so that the combined format of (68a) is the gravitational potential at distance r and the (69) provided the value of the constant k from the constant of gravitation K. If we rewrite the (72) as dt=1-gp ---(10), where gp means gravitational potential, then the equation (10) means for gp, from zero to 1, a stronger gp will have a slower speed of time. Right? Grandpa? Where are you now?

A: Let me think about it. If the last item of equation (72) is changed to minus then it is the format of (68a), okay, I got it. Yes, it state the speed of time will slow down in strionger gp. But you have not said your third question yet.

T: You are right. Here is my question. How do we know the speed of time when the gp is zero? I mean, the fastest speed of time? I believe that different kind of atomic clocks may have different response to a given changed amount of gp. Do you think so, grandpa? For the same change of gp, we also know that a pendulum clock will respond reversely to atomic clock. I mean, which kind of clock can represent time correctly? That is my third question.

29

A: I will ask George tomorrow. Let me write it down here, what kind of clock can represent time correctly, atomic or pendulum? Equation (72). Ah, also, if atomic, what kind of atom? I think it is hard to tell. What is your answer?

T: I have no answer. Actually, I do have more questions about that paper. You see here, on page 1202, it states "let the surface of S1 prove to be a sphere, and that of S2 an ellipsoid of revolution.", how to prove it? I mean, who could prove it? If the relative spinning speed of S2 is w, clockwise, facing S1; then the camcoder at the tip of S1 facing S2 will record a spinning S2 spins counterclockwisely. A camcorder at tip of S2 will record that S1 spins counterclockwisely too. There is no way to tell if S2 is a sphere or an ellipsoid by the observer with camcorder at S1. Actually, how can a fliud body form a sphere and spin in vacuum? Most likely the molucles of the liquid body will scattering around while spinning. Any way, I think there is an absolute stationary space and absolute speed of time. I am an oldtimer.

A: Are you serious? Don't you think the speed of time is slower when the gravitational field is stronger? How do you explain the atomic clocks which follow that expectation?

T: It's easy. The gravity force influences the behavior of atoms. I heard my classmate said there was a book in Chinese talking about some way to decide the absolute speed of time and suggested some way to locate an absolute point in the absolute stationary space. I will try to read it. I may learn Chinese.

A: Wah, it sounds serious. How do you start a language with totally different way of writing its charaters?

T: I have tried some Pinyin. It is hard to start but after you get used to its rules, it is not difficult to write Chinese in Pinyin. But, the Chinese characters are very difficult to me. The grammar is a kind of simple but a kind of confusing to English speaking people. When Chinese people say a date, they start from the year and for names, they start from sure name. When thay tell you an address they start from the city, if the country is known, then the name of the street, the alley, then the number and finally the apartment number. The Chinese culture focus on groups, not individules.

A: I don't know you have learned some Chinese language. Why didn't you tell me? I am your body right? Tell me when did you attend Chinese class and where did you go? I may like to go with you. I Have tried serveral times and still struggling with Pinyin. How come Pinyin is a kind of easy to you? Don't you think the sh and ch are confusing? How about r, they pronounce the r with curled tongue, right? I never learn how to pronounce it.

T: The reason I like to learn Chinese is because I do have my own idea about absolute stationary space and I like to verify my idea with the Chinese author's idea. I think, if our technology can detect the expanding ball of photons when we turn a light bulb on and off very quickly then the center point of that expanding ball is a reference stationary point in the absolute space.

A: Do you mean if we put four light bulbs at four corners of a triangle cone then we have a reference coordinate system for the absolute stationary space?

T: Think about it! I will say you are right. I also have my own clock for speed of the absolute time. I need a light source to emit light rays of a fix frequency and a wave peak counter. Well, if it is impossible then I have to think about some other way. That's why I like to see that book in Chinese, I think the name is "East Cosmology Physics", may be "Eastern". Hope someone will translate it.

A: I don't think that will happen. That idea is against to the main stream idea, I think no publisher will publish it and it will cost time and waste money to translate a book which won't sell. Besides that, I have never read any paper talked about that book, either "East" or "Eastern Cosmology Physics". Where did you learn Chinese, Tonya? I may like to learn with you.

2. APA

T: I have learned some Chinese by myself.
ai haev lErnd   sAm   tsai-niz\ bai mai-self\

Here is how I learn Pinyin. Let me write
hIEr Iz hau ai lErn pin-in\   let mi rait

two short tables for you. One is for the
tu   sZort tei^blz for iu   wAn iz for DE

ten consonants and the other one is for the
ten   kAn^sE-nnts   aend DI   A^DEr wAn Iz for   DE

five vowels.
faiv   vau^wElz

A: Do you mean the first three consonants,
du   iu   min   DE fErst Dri   kAn^sE-nnts

"ds", "ts" and "s" are the real pronunciation
ds   ts   aend   s   ar   DE ril   pro-nAn-sI-e^sZn

of "z", "c" and "s" in Pinyin? Then "dsi",
Ef zi   si aend eis In pin^in   Den   dsi

"tsi" and "si" are for "j", "q" and "x" in
tsi   aend   si ar   for dZe kwiu aend ekx In

Pinyin? Are you sure?
Pin^in   ar   iu   sZur

T: Mm, believe it or not. That is what I
m   bI-liv\   It or nat   Daet Iz hwat ai

figured out from a few Pinyin videos in
fI^giurd   aut fram E fiu pin^in   vI^dIoz In

Youtube.
Iu^tiub

A: Youtube?
   Iu^tiub

T: Yes. And if you use "R" for the "r" in
   yes   aend If iu   iuz   ar   for DE   ar   In
Pinyin, like you said, pronounce it with
   Pin^in   laik iu   seid pro-nauns\   It wIT
curled tongue, then "dR", "tR", "sR" and
   kErld   tang   Den   dR   tR   sR   aend
"R" will be the "zh", "ch", "sh" and "r"
   R   wIl bi DE   dR   tR   sR   aend R
in Pinyin. Try it for yourself.
   In pin^in   trai It for iur-self\

   A: "dR", "tR", "sR" and "R".
      dR   tR   sR   aend R

T: You see. The vowels "ai", "ei", "au" and
   iu   si   DE vau^wElz ai   ei   au   aend
"ou" are all single vowels in Chinese, but
   ou   ar ol sing^gl vau^wElz In tZai-niz\   bAt
they are diphthongs in English. The last
   De   ar   daif^Tongz   In Ing^glIsZ DE last
vowel in Pinyin is pronounced like "i"
   vau^wElz In pin^in   Iz pro-naunsd\   laik ai
with the mouth shape of "u", I use "y u"
   wIT DE mauT   sZeip Ef iu   ai iuz wai iu
to write it. Now, look at the tone table.
   tu rait   It nau   lUk   aet DE ton   tei^bl

                    34

2-1. Tones in Chinese

A: You use the music pitches to mark the
iu   iuz   DE   miu^zIk   pitZ^Iz   tU   mark   DE
Chinese tones. Interesting.
tZai-niz\   tonz   In^trIst-Ing

T: From first tone to fifth tone, they are "So",
from   fErst ton   tU   fIfT   ton   Dei   ar   so
"MiSo", "Do", "SoDo" and "Re". It can
mI so   do   so do   aend   re   It kaen
be "Mi", "ReMi", "Do", "MiDo" and
bi   mi   re mi   do   mi do   aend
"Do#", the chromatic Do, if pronounced
di   DE kro-mae^tIk   do   If pro-naunsd\
in a calm mood.
In E   kam   mud

A: Who taught you that? Youtube?
hu   tot   iu   Daet   iu^tiub

2-2. English in APA

T: A kind of. However, look at this, if we let
E   kaind   Ef   hau^e-vEr   lUk   aet Diz   If wi   let
"Z" to represent the "s" in "vision", then
zi   tU rI-prI-zent\   DE   yes In   vi^Zen   Den
in English, the "j" in "just", "ch" in "chat"
In Ing^glIsZ   DE   dZ In   dZAst   tZ   In   tZaet

35

and "sh" in "she" will be "dZ", "tZ" and
aend　sZ　In　sZi　wIl　bi　dZ　tZ　aend

"sZ" in my phonetic alphabet (PA), I
sZ　In　mai　fE-ne^tIk　ael^fE-bet　pi-ei\　ai

name it Auxiliary PA (APA). APA
neim　It　og-zI^lIE-rI　pi-ei\　a^pa　a^pa

squeezes IPA to mix similar
skwi^zs　ai-pi^ei tU mIks sI^mI-lEr

pronunciations into single symbol. I use
prE-nAn-sI-ei^sZnz　In-tU sing^gl sIm^bl　ai iuz

"D" for the "th" of "the", "T" for the "th"
di　for　DE　ti-eitZ Ef DE　ti　for　DE　ti-eitZ

of "with"; then together with regular "r",
Ef　wIT　Den　tE-ge^DEr　wIT　re^giu-lEr　ar

"v" and "z" we have total of 9 consonants
vi　aend　zi　wi　haev　to^tl　Ef nai kan^sE-nEnts

used by English but not used by Chinese.
iuzd　bai　Ing^glIsZ　bAt　nat　iuzd　bai　tZai-niz\

A: Only 9 additional consonants? How about
On^lI　nai E-dI^sZE-nl kan^sE-nEnts　hau　E-baut\

additional vowels?
E-dI^sZE-nl　vau^wElz

T: You won't believe it. There are only four.
Iu　wont　bI-liv^　It Der　ar　on^lI for

I use "A" for the "u" in "cup", "I" for the
ai iuz　ei　for　DE　iu　In　kAp　ai　for　DE

"i" in "sit" and "U" for the "oo" in
ai In sIt aend iu for DE ou-ou In

"book". The last one is "ae" for the "a" in
bUk DE laest wAn Iz ei-i for DE ei In

"cat". That is all special symbols of my
Kaet Daet Iz ol spe^sZl sIm^blz Ef mai

APA.
a^pa

A: You mean with additional 13   symbols
iu min wIT E-dI^sZE-nl TEr^tIn sIm^blz

your APA can mark the pronunciation of
iur a^pa kaen mark DE prE-nAn-sI-ei^sZn Ef

Chinese and English?
tZai-niz\ aend Ing^glIsZ

T: You bet. Ah, did you find out what I
iu bet a dId iu faind aut hwat ai

use to represent the "a" of "about"
iuz tU re-prI-zent\ DE ei Ef E-baut\

from above samples?
fram E-bAv^ saem^plz

A: It is "E". Why?
It Iz i hwai

T: Because, in Pinyin, it shares the same
bI-koz\ In pIn^In It sZerz DE seim

37

symbol "e" with the regular "e" in "ten".
sIm^bl   ei wIT   DE re^giu-lEr ei In   ten

That is a bad design. Do you like my "E"?
Daet Iz E baed dI-zain\   du   iu   laik mai   i

A: Do you use "E" as a temporary solution?
    du   iu   iuz   i   aez E tem^prE-rI   sE-lu^sZn

3. Chinese

T: Yes, I will replace all capital letters by other symbols later on. Let me show you two critical points related to spacetime, grandpa. The first one is related to a Chinese idiom which states "Cut feet to fit shoes."

T: Yes. 我 will replace all 大寫 字母 by
yes　ai　wIl　rI-pleis^　　ol　kae^pI-tl le^tErz bai

other 符號 later on. Now, let 我 show
A^DEr　sIm^blz lae^tEr an　nau　　let　me　sZou

你 two critical 點　related to 時空,
iu　tu　　krI^tI-kl　points　rI-leit^Id　tU　spies^taim

公公. The first 點 is related to a 中國
graem^pa DE　　fErst　point Iz　rI-leit^Id　tU E　tZai-nIz\

成語 which states "Cut 足 to fit 履."
I^dyEm hwItZ　　steits　　kAt　fit　tU　fIt　sZuz

T: 是 的。我 以後 会 把 所 有 大寫 字母
sR\dE-　wo/ ivhou\hwei \bavswo/youvda\sievds\muv

換 成 其它 符號。公公，现 在 我
hwan\tRng/tsi/ta^ fu/hau\　gong^gong-syen\dsai\ wov

把 兩 个和 時空 相 关 的关 键
Ba/lyangvgE-hE/ sR/kong^syang^gwan^dE-gwan^dsyen\

點 写 给 你 看。第一 點 和 一个
Dyenv sievgei/　niv kan\　di\ i^　dyenv hE/ i^ gE-

39

中　國　成　語 有　关，就　是
dRong^gwo/tRng/yuv　youvgwan^ dsyou\sR\

"削　足　适　履"。
syau^dsu/　sR\ lyuv

3-1. The Standard Clock

A: What do you mean?

A: What do 妳 mean?
　　hwat　du iu　min

A: 妳 是什么 意思?
　　Niv sR\sRn'mo-i\　s-

T: I believe that, different design or material of atomic
clocks will have different ability to resist the change
of gravitational potential (gp) field. I do believe so,
then, under this assumption, do we select the clock
matches the expectation of GR (the man-made shoes)
as the standard clock or the one (the natural feet) can
resist most changes of gp as the standard clock?

T: 我 believe that, different 設計 or 材料
　　ai　bI-liv\　　Daet　dI^frEnt　dI-zain\　or mE-tIE^rIEl

of 原子鐘　　　　will have different
　Ef E-ta^mIk klaks　　wIl　haev　dI^frEnt

能力　to resist the 變化　of 重力
E-bI^lE-tI tU rI-zIst　DE tZein\dZ　Ef grae-vI-tei^sZn-l

　　　　　　場. 我 do believe so, then,
pE-ten^sZl　dZi-pi fild　ai　du bI-liv\　　so　Den

40

under this 假設，　　do 我們 select the
An^dEr DIs　E-sAmp^sZn　du wi　　sE-lekt^　DE

鐘 matches the 預期　　　　of 廣相 (the
klak mae^tZz　DE eks-pek-tei^sZn Ef dZi-ar　DE

man-made 鞋子) as the 標準　　鐘 or
maen　meid　sZuz　aez DE staen^dEd　klak or

the one (the natural 腳) can resist most
DE wAn　DE nae^tZrol fit　kaen rI-zist\　most

變化　of 重力 as the 標準　　　鐘？
tZein^dZz Ef dZi-pi aez DE staen^dEd　klak

T: 我 相　信，不同　設計 或　材料 的
　wov syang^sin\　bu\tong/sRe\dsi\ hwo\ tsai/lyau\ dE-

原 子 鐘 它们抵 抗 重 力場　變 化
yuen/dsvrDong^ta^mn-divkang\rDong\li\tRangv byen\hwa\

的 能 力 将　会 不 同。我是 这 么相　信，
dE- nng/li\　dsyang^hwei\bu\tong/ wovsR\dRe\mo-syang^sin\

那 么，在 这 个 假 設下，我們 选　　择
na\mo-　dsai/dRE\gE-dsyavsRE\sya\ wovmn- syuenvdsE/

接　近 廣　相（人为鞋子）預期的 鐘
dsye^dsin\ gwangvsyang\ Rn/wei/ sye/ds- yu\tsi/ dE-dRong^

当 作 標　準 鐘　还 是最　能 夠 抵抗
dang^dswo\byau^dRunvdRong^hai/sR\dswei/nng/gou\divkang\

重 力變 化 的那 一 個（天　然 腳）
dRong\li\ byen\hwa\ dE-na\ i^ gE-　tyen^Ran/ dsyauv

当 作　標 準　鐘？
dang^dswo\byau^dRunvdRong^

41

A: That is a very good question.

A: That is a very good 問題.
　　Daet　Iz　E　ve^rI　gUd　　kwes^tZn

A: 那是 个 很 好 的 問 題。
　　na\sR\gE-hn/hauvdE- wn\ ti/

3-2. A proof of Special Relativity

T: I remember that in a book named "Lorentz Transformation for High School Students", it mentioned about, an experiment data will tell people if SR is right or wrong. The data of Ives-Stilwell experiment (ISX) showed, the recorded wavelengths shifted to the lower end but the relativistic Doppler effect modified by SR expected a shift to the higher end. That book also reported that the "Distance Transformation" (DT) expected a shift to the lower end which matched the direction of the data in ISX. Could you find the data for me, grandpa? I like to see if the wavelengths shifted to the lower end. Grandpa?!

T: 我 remember that in a 書 named
　　ai　rI-mem^bEr　　Daet　In　E　bUk　neimd
" Lorentz 轉換　　　　for 高中生 ",
　　lo^rnts　　Traens-for-mei^sZn for　hai skul stiu^dnts
it mentioned about an 實驗　　　數據
It　men^sZnd　　　E-baut\　aen Iks-pe^rI-mnt　dei^tE

will tell 人們 if 狹相 was right or wrong.
wIl tel pi^pl If eis-ar waz rait or rang

The 數據 of Ives-Stilwell 實驗 (I S X)
DE dei^tE Ef ai^vz stIl^wel Iks-pe^rI-mnt ai-eis-eks

Showed, the recorded 波長 shifted to
sZoud DE rI-kord^Id weiv^lengTs sZIft^Id tU

the lower 端 but the 相对 Doppler
DE lou^Er end bAt DE rI-lei-tI-vIs^tIk dop^lEr

效應 modified by 狹相, expected a shift
I-fekt ma^dI-faid bai eis-ar Iks-pekt-Id E sZIft

to the higher 端. That 書 also reported the
tU DE hai^Er end Daet bUk ol^so rI-port^Id DE

"距離 轉換" (DT) expected a shift
dIs-tEns traens-for-mei^sZn di-ti Iks-pekt^Id E sZIft

to the lower 端 which matched the
tU DE lou^Er end hwItZ maetZ^Id DE

方向 of the 數據 in ISX. Could 你
dI-rek^sZn Ef DE dei^tE In ai-eis-eks kUd iu

find the 數據 for 我, 公公? 我 like to
faind DE dei^tE for mi graend^pa ai laik tU

see if the 波長 shifted to the lower
si If DE weiv^lengTs sZIft^Id tU DE lou^Er

端. 公公?!
End graend^pa

T: 我 记 得 在 一 本 叫 做 "给 高 中 生 的
wov dsi\dE/dsai\i^ bnvdsyau\dswo\geivgau^dRong^sRng^dE-

43

Lorentz 轉　　換” 的 書 里头 提到
lo^rnts　　dRwanvhwan\　　dE- sRu^ liv tou/ ti/ dau\

一个 可以告 诉 人們狹 相 是 对 是 错
i^ gE-kE/ iv gau\su\ Rn/ mn-sya/syang\ sR\dwei\sR\ tRwo\

的 實驗數 據。那个 Ives-Stilwell
dE- sR/yen\sRu\ dsyu\　na\gE- ai^vz stIl^wel

實驗（ISX）的 數據 显 示，录得的
sR/yen\ ai-eis-eks dE- sRu\dsyu\syenvsR\ lu\dE/dE-

波長 移向 较 短 端而经 过
bo^tRang/i/　syang\dsyau\dwanvdwan^ER/dsing^gwo\

狹 相 修 改 的相　对 Dopple 效應，
sya/syang\syou^gaivdE-syang^dwei\ dop^lEr　syau\ing\

预 期移向 较 长 端。那本 書 又 说
yu\tsi/ i/syang\dsyau\tRang/dawn^na\bnvsRu^ you\sRwo^

“距離轉換” （DT）预期移向 较　短
　Dsyu\li/dRwanvhwan\ di-ti　yu\tsi/ i/syang\dsyau\dwanv

端 和 ISX　　的 數據 同 方 向。
dawn^hE/ ai-eis-eks dE- sRu\dsyu\tong/fang^syang\

公 公，你 能不能替 我 找 那个 數據？
gong^gong- niv nng/bu\nng/ti\ wov dRauvna\gE-sRu\dsyu\

我 想　知道 波長 是否移向 较　短
　wov syangvdR^dau\bo^tRang/sR\fov i/syang\dsyau\dwanv

端。 公 公？！
　Dawn^gong^gong-

A: Oh, Tonya, I will ask George to find out the answer for
   you, I promise.

A: Oh, Tonya, I will ask George to find out the
o   tan^ya   ai wIl   aesk dZor^dZ tU faind aut DE
answer for you, I promise.
aen^sEr for iu   ai pra^mIz

A: 喔，Tonya，我 会 要 George 帮 妳
o   tan^ya   wovhwei\yau\ dZor^dZ bang^niv
找　出 答案，我保 证。
dRauvtRu^da/an\   wo/bauvdRng\

T: This makes me think about another Chinese saying, "It
looks like hard to find but, as a matter of fact, it is
right in front of your eyes." Grandpa, I don't want to
change the world, I just like to describe the world. I
will start from physics and you, my dear grandpa, and
papa mama. I do hope I can find my love. I wonder
where is he right now and what is he doing?

T: This makes 我 think about another
Diz   meiks   mi   TIngk E-baut\ En-A^DEr
中國俗語, "It looks like hard to find
tZai-niz\   sei^ing   It lUks   laik   hard   tU faind
but, as a matter of fact, it is right in front
bAt   aez E mae^tEr Ef faekt It Iz rait   In frant
of your 眼". 公公, 我 don't want to
Ef iur   aiz   graend^pa   ai dont   want   tU
change the 世界, 我 just like to describe
tZein\dZ DE wErld   ai dZAst laik tU dI-skraib\
the 世界. 我 will start from 物理 and
DE wErld   ai wIl   start fram   fI^zIks   aend

45

你, my dear 公公, and 爸爸媽媽. 我
iu　　mai　dIEr　graend^pa　aend　pa^pa　ma^ma　ai

do hope 我 can find my 愛. 我 wonder
du　hop　　ai　kaen faind　mai　lAv　　ai　wan^dEr

where is 他 right now and what is 他
hweEr　Iz　hi　rait　　nau　aend　hwat　Iz　hi

doing?
Du^ing

T: 这 让 我 想 起 另一个 中 國 俗語，
dRE\ Rang\Wovsyang/tsivling\i^gE- dRong^gwo/su/ yuv

"远 在 天 边，近 在 眼 前"。公公，
Yuenvdsai\tyen^byen^dsin\dsai\yenvtsyen/　gong^gong-

我 不 想 改变 世界，我 只要 描 述
wov bu\syang/gaivbyen\sR\dsye\ wo/ dRvyau\myau/sRu\

世界。我 将 从 物理 和你，我亲 爱
sR\dsye\ wovdsyang^tsong/wu/ liv hE/ niv wovtsing^ai\

的 公 公，以及 爸爸媽 媽 开 始。我
dE-gong^gong- ivdsi/ ba\ ba- ma^ ma- kai^sRv wov

真 希望 我 能 夠 找 到我的 愛。我
dRn^si^wang\wov nng/gou\dRauvdau\wovdE- ai\ wov

好 想 知 道 他 现 在 在 哪兒 还 有
Hau/syangvdR^dau\ ta^ syen\dsai\dsai\navER/ hai/youv

他 正 在 做 什 么？
Ta^dRng\dsai\dswo\sRn/mo-

A: Do you mind if he has two sweethearts?

46

A: Do 妳 mind if 他 has two 甜心?
　　du　iu　maind　If　hi　haez tu　　swit^harts

A: 妳 介 不 介 意 他 有 兩 　个 甜 心?
　　ni　dsye\bu/dsye\ i\　ta^　you/lyangvgE-tyen/ sin^

T: Depends. If she is nice then it will be more fun. If not, I may leave to find another lover and wish them happy. Sounds too easy, right? I don't know. I think it depends on how much I want to have children with him. I am lucky that I have something I like to do already. That's a kind of love. Give me five, grandpa!

T: Depends. If 她 　is nice then it will be
　dI-pendz\　　If　sRi　Iz nais　Den　It wIl　bi

more fun. If not, 我 may leave to find
　mor　fAn　If nat　ai　mei　liv　　tU faind

another 愛人 and wish 他們 happy.
　En-A^DEr lAvEr　aend　wIsZ　Dem　hae^pi

Sounds too easy, right? 我 don't know.
　sandz　　tu　i^zI　rait　ai dont　nou

我 think it depends on how much 我
　ai　TIngk　It dI-pendz　an　hau　mAtZ　ai

want to have 孩子 　with 他. 我 am
　want　tu heiv　tZIl^drEn wIT　hIm　ai aem

lucky that 我 have 某些事 我 like to do
　lA^kI　Daet ai heiv　sAm^Ting　ai laik tU du

47

already. That's a kind of 愛. Give 我 five,
oi-re^dI   Daets   E kaind Ef lAv gIv   mi faiv

公公 .

graend^pa

T: 看 情 况。 如果 她 是 好 人那 就
Kan\tsing/kwang\ Ru/gwov ta^ sR\hauvRn/ na\ dsyou\

更 有 趣。如 果 不是，我 也许 离开
gng\youvtsyu\ Ru/gwovbu/sR\ wov ye/syuv li/ kai^

去 找 另一个 愛人 而祝 他們 幸 福。
tsyu\dRauvling\i^gE- ai\ Rn/ ER/dRu\ ta^mn- sing\fu/

听 起来 太容 易了，对不 对？ 我 不
Ting^ tsivlai/ tai\Rong/ i\ lE- dwei\bu/dwei\ wov bu\

知道。我 想 那 要看 我 多 想 和 他
dR^dau\ wo/ syangvna\yau\kan\wov dwo^syangvhE/ ta^

生 孩子。我 很幸 运 因为 我 已经
sRng^hai/ds- wo/ hnvsing\yun/ing^wei\wo/ iv dsing^

有 我 喜 欢 做 的 某 些事。 那是一
Youvwo/ sivhwan^dswo\ dE- mouv sye^sR\ na\sR\ i^

种 愛。 公公，给 我 击掌 鼓励吧！
dRongvai\ gong^gong- gei/ wov dsi/dRang/guvli\ ba-

48

Appendix I. 品妍 2012

前言：品妍和她的么姨

幾個月沒做夢，從台灣回來第七天，卻夢見媽媽在【德賽克-巴萊】裡頭，和那些集體自殺的媽媽婆婆混在一起，正準備上路。品妍早上從夢中醒來，就一直想著台灣的事。每次想到媽媽和么姨最好，品妍就很想告訴么姨，媽媽只有三年的生命了。可是，又想起醫生和阿爸都不讓第三個人知道，心中就有點遲疑。在床上待著，反覆掙扎了一陣子，品妍還是決定洩密。她立即起床，披了件晨袍，在電話中和么姨閒聊了幾分鐘，"厾姨，我跟妳說，可是，妳不許跟任何人說，包括姨丈和阿姨她們。記得啊，別跟任何人說。上個月，醫院的醫生對我爸和我說，如果等不到肝，媽媽最遲在第三年，… 第三年走掉。厾姨，妳在兩年內回去陪她一段時間好嗎？今年可以嗎？"

品妍早在大四那年，就深深明白『無欲則剛』的道理。從那以後，凡有求人，都是為了團體的事。今天，這是品妍第一次完

51

全為了自己而求助於人。而且，她很希望么姨，真的能夠抽出時間，今年就回台灣一趟。“三年啊。只能換肝嗎？台灣好像有不少中醫療法。妳不妍究一下？” “我看了些資料，問過媽媽的主治醫師。也看了一些網路上介紹的中醫療法。我只有三個結論，第一，能吃能拉能睡，維持新陳代謝，第二，平甩功太極步，強化活動慾望，以及，第三，就當最後一天，追求餘生夢想。問題是，媽媽的夢想完全綁在阿爸那兒，對阿爸，我無能為力。么姨，妳能不能也勸勸我阿爸？” “好吧。我再和姐夫談談看。我的護照剛剛寄出去換新，本來就打算今年回去一趟。我打算為妳媽媽煮一個禮拜的菜，再去陪妳二姨一個禮拜。啊，不說老人了，告訴我，妳的聽梅又有什麼新詞兒啊？” 么姨和品妍最貼心，她的嘴巴也緊，所以品妍才不想瞞著么姨。

前年年初，兩個人為了【狼圖騰】在電話上談了不下二十次。前後一個多月，光是電郵，合起來就有四五十封；么姨要品妍寫書整理一下，品妍卻沒有興緻。一來因為談話的內容太灰色了，沒多少令人振奮的事件。兩個人大多為了狼的生命態度和牠們失去的戰場而感慨；感慨總有一天，人類也要失去地球。二來，品妍總覺得【狼圖騰】這本書好像是項莊舞劍，志在『沛公』。狼只是那個劍舞，而民族屬性，是羊是狼，才是那個『沛公』。

作者花了許多筆墨去引述中國人民的羊性和西洋人民的狼性，偏偏品妍對作者的那個『沛公』完全不感興趣。一方面，作者沒有提出實用的建議，另一方面，作者只談異處，忘了同處。所謂同處，品妍說 “長久以來人類共同的生活重心都是情義二字，所以，自主個性和妥協個性，或者集團個性和自保個性，在人類的生活中都只是配角。任何個性都可以有情有義，這就是作者忘了的同處。” 至於作者所分析的異處，品妍的么姨說 “作者也忘了，人和人之間的狼羊關係並不像真的狼羊一般，以命相搏。事實上，狼性和羊性在『生存的機率』和『生活的品質』的兩種比較上，都有優點和缺點；而且，往往和天

52

生的個性有關；那麼，既然不是博命，就有共存的空間。似乎不必刻意鼓勵狼性。”

所以品妍和么姨談來談去都只是狼。那些狼，尤其是那隻小狼，確實寫得活靈活現的，引人深思。好比，品妍覺得被吉普車追得累死的巨狼就像是當今一群群，被那些朝令夕改的電腦程式逼得無處暫停，再也找不到一個可靠職業的那一些人。也就是所謂的，基層工作人員。么姨馬上跟著說 “而且啊，在資本主義裡頭越來越多的人為錢拼命。一個人，一旦決定，自己只為了錢就可以拼命，那樣的人多半早早就耗盡了靈氣。還沒死，已經只是一個皮囊。東飄西移，除了金錢，再也沒有其他目標可以前進。這就是說，那種人為了金錢可以放棄任何事物；包括信用，尊嚴，感情，榮譽，喜悅，和驕傲。” 么姨又說 “那種人第一個放棄的是『絕對時間』這個真理。時間一去不回，而人們並不這麼看待時間。”

品妍說 “尪姨，妳是不是說，年輕人都不重視時間一去不回的事實？那確實是一個很普遍的現象。大略分解這個現象，主要是年輕人離死亡太遠了。其次，我認為那是他們對人我和環境這兩樣事實抓錯了重點，而抓錯重點的主要原因，我想，是邏輯訓練不足。尪姨，妳所提的六樣東西，每一樣都比金錢更值得拼命。我喜歡。” “妳當然喜歡，因為妳樣樣都有。尪姨是為妳量身定做的啊。” “尪姨，妳怎麼好的不學，學那個人油嘴滑舌的。”

又好比有一次，她們各自找一個【狼圖騰】全書最具關鍵性的事件，然後 email（電郵）給對方，約好隔天才看。

結果兩個人都選了『剪牙事件』。品妍十分佩服作者的勇氣，坦承愚行。如果沒有『剪牙事件』，也就沒有事後許多進退兩難的局勢，最後逼死了小狼。品妍當時想，【狼圖騰】真是很好的小說。

如果中文本像英譯本一樣把作者的沛公全部拿掉，那麼，那本小說就非常完美了。么姨倒是聯想到，那些霸占權位，不幸遇到困境，只好糊塗行事的歷史事件。她說　"作者開始養小狼就是霸占權位，尖銳的狼牙是小狼長大以後作者必然會碰到的困境，而剪牙就是糊塗行事。在人類歷史上，皇族霸占權位，自然有許多糊塗事件。"

以上是作者利用【狼圖騰】這本書，簡單的介紹品妍和她的么姨。品妍是作者這本書的第一個主角。她的么姨是第四個主角的太太。品妍現在必須去準備早餐，作者就讓她正式登場。

品妍說　"過兩天我再 email 給妳。我要弄早餐去了。厵姨，妳就認真上班，別多想媽媽的事。下次再聊。"

第一段：品妍的家人

自從嫁到香港，媽媽的煩惱就一直帶在她的身邊。品妍知道有些問題她根本沒有施力點。老爸死守著四代同堂的理念，唯一的弟弟又不肯自立，好像身為家中獨男就可以一賴到底。媽媽夾在兩個男人之間，姐姐妹妹又不太豐裕；碰上兩個男人缺錢，救濟媽媽的事兒就落在品妍身上。好在兩個孫子也確實讓老爸高興，老爸高興了，媽媽的心情就好了。媽媽好，品妍就好。可媽媽的眼中，從來只有一個人。六年來品妍親嚐了為人母親的那股充滿而踏實的生活勁兒，卻一直無法了解媽媽那種一生無悔的愛情。

"品妍，冲兒又把牙膏藏起來了。我可不可以用妳的？"　品妍想，這個老公啊，還是跟孩子一個樣。"你敢。找找右邊抽屜的後面，他把東西都藏在那兒。"

第1節。 吉他的唇

從台灣回來，品妍做事經常心不在焉，老是動不動就想起從前。
總之，在那次『酒臭索吻事件』以後品妍就對口水，尤其是他
的口水，特別敏感。公筷母匙是不用說的啦，連牙膏也不准他
碰。冲兒就愛拿牙膏來逗他爸爸。是啊，品妍偶而也會研究這
個口水的問題。她其實，不特別討厭接吻。

像有一次去日本看他，那時候剛結婚不久，在櫻花樹下他吻得
特別輕柔，那感覺就很微妙；好像整個人飄浮起來，游進了花
海。可是偏偏只有一次好印象。其他時候不論輕吻重吻，品妍
都談不上喜歡。也許那個人不夠帥吧。乾乾淨淨的國字臉，什
麼運動都還可以，就是學不來武術。每次進攻都不留餘力，完
全沒有防守的概念。她升國三那年，柔道隊夏季集訓結束，全
體隊員到『青年公園游泳池』去玩水。那個人第一次看見她，
就像蒼蠅一般黏上來。也不管年齡差異，一路跟到品妍家。他
剛剛考上大學啊，這世上哪有大學男生追國三女生的道理？誰
知道，一個月後，他的同學看到品妍竟然也跟著追。

品妍也曾想像，如果她選擇了吉他，而不是那個人，不知道吉
他的嘴唇會不會傳電？吉他就長得比那個人帥多了，也高了十
公分左右。前後四年，品妍居然只讓吉他碰過一次她的手。品
妍每次回想那一回的接觸，每次都肯定，自己完全沒有被吉他
電到。其實品妍有了第二個孩子以後就不再想接吻的事，今天
不知怎地，又胡思亂想起來。 "媽，冲兒今天沒課，梅兒的牛
奶在小冰箱裡頭。我上班去了。" 有這樣疼孫的公婆住在一
起實在舒服。看在孫子的份上，每次和那個人鬥嘴，公婆都站
在品妍這邊；這就是愛屋及烏吧。

第2節。 巴士

在沒有預約的日子，品妍喜歡搭公車。反正客戶急著見她的時
候都有客戶的車子可以坐。在香港，停車是一門大學問。品妍

永遠學不來。有一次繞了一圈剛要轉入停車位，對面來車卻可以先斜切卡位再倒車校正，冲兒大聲哇哇叫也沒有用。才五歲的孩子，已經開始後座駕駛，指揮品妍。多了小駕駛以後，除非不得已，品妍絕不開車。

她喜歡在巴士上輕輕鬆鬆地看些雜書，想些事情。或者像上周五，一路上品妍就盯著一對體型比一般人瘦小的男女，欣賞著看。像似三十歲的臉龐，卻有著小學六年生的身材。不特別有型，卻特別開心。兩個人低聲細氣的聊著。偶而比劃一下；換個坐姿。不時點頭贊同，有時用手掩口表示驚訝，卻是滿眼的笑意。那女的發現了品妍的專注，也不在意。當他們兩個人都靜下來的時候，她朝品妍看一眼，點個頭，揚一下嘴角，算是打了招呼。然後又想起來一些趣事，繼續和她的同伴分享。真是好美麗的情境啊！原本忙碌的周五，就因為清早那一段天賜的美景讓品妍的心情極好。輕輕鬆鬆的搞定許多訂單。

今天品妍帶著剛收到的電郵，厚厚三十六頁。那是西雅圖姨丈傳來的新作【狹相七問】。品妍還記得背誦過姨丈的漢字碼。那個姨丈老是想一些不可能的事兒。這一次不知道他又搞些什麼名堂，品妍也很好奇。

自小品妍的好奇心就沒有停過。爬樹看鳥巢，抓蟲子是不用說的了，常常被樹枝刮得手腳都是傷痕，臉上也不例外。她媽媽禁了上百次只好放棄阻擋的意圖。有一次大約是小學三年級吧，品妍盯著一小碟的果蠅在吃殘存的果渣，看了一個上午，突然跑去問她媽媽 "媽，果蠅有沒有警察啊？我發現一隻壞果蠅，應該把它關起來。" "妳有證據嗎？" 品妍當時覺得媽媽比老師更像老師。老師都說不知道這個，不知道那個，媽媽都有答案。"有啊，妳來一下，那隻翅膀有一顆痣的還在，它老是搶別隻果蠅的位置。"

現在換成冲兒問問題，品妍卻發現她自己的資料庫完全派不上用場。冲兒的問題不是吃的就是玩的，大多是同學介紹或電視

56

推廣的新產品。好在冲兒三餐正常，不像他一個同學只吃零食，把他母親給煩惱慘了。那個母親在家長聯誼會中向老師求教。老師還沒結婚，當然不了解做母親的有多着急，"這是一個時代病，如果家長沒辦法說服孩子少吃零食；我們有諮詢顧問的電話。有營養專家也有心理醫師。第一次談話免費。" 只見那個母親當場臉都綠了一半，"一個健健康康四歲多的小孩，須要看心理醫生嗎？"

老師說 "詳細情形我也不清楚。我想是有兒童心理醫生吧。也有父母和孩子共同參與的治療。我還有患者互助團體的資料。這個是小朋友和爸媽一起參加的【開心食堂】，每個月一次，在一個團員家中聚餐；讓小朋友嚐嚐別家的菜色。這個是只有父母參加的座談會。啊，這些宣傳單各給妳一份回家研究。"品妍好像發現新大陸，也要了一份。這年頭什麼樣的行業都有。後來翻了翻，沒啥特別有意思的組織，品妍就把整份拷貝給回收了。品妍想，手上這份三十六頁的電郵多半也是回收的命運吧。

第3節。 呆姨丈的文章

果不其然，才看完序言，品妍就知道，姨丈這篇反對狹義相對論的文章又掛了。一份好好的食材卻碰到一個爛廚子。那麼，要怎樣炒做這道菜呢？

快速看個大概，品妍發現姨丈的『距離相對論』居然就是在大一時候品妍有關狹相的『第二個直覺疑問』的明確答案。這下子，品妍的興趣立刻被深深鼓動起來。品妍自言自語的說 "好一個『距離相對論』。我就知道，過站不停的火車，進站的速度看起來比離站的速度快。偏偏狹相公式主張，兩個速度一般快。現在有『距離相對論』的公式來支持我的『第二個直覺』，將來一定可以用實驗物理來證明哪一個才是對的。"品妍認為這需要物理界的人來發表。於是她就想到了吉他，決定找吉他寫一篇相對論和那個呆姨丈一起發表。但是，吉他頂多只能做好一半的工作。那樣還不算成功。品妍一向只抓一個重點，如果重點做不到，她根本不想開始。這次狹相事件，重點是找一個能夠取代狹相公式的其他公式，並且，讓現代人接受。品妍認為，呆姨丈的『距離相對論』，不論是空間的公式還是時間的公式，都很對稱。然而，它們實在太平淡了。品妍一時之間完全想不到任何點子來推銷那一組呆姨丈的呆公式，單是名字就平淡無奇，呆呆的『距離相對論』。要用簡稱，『距相』，才勉強有一些深度的感覺。那以後還要多宣傳『距相』這個簡稱。所以，品妍有點兒想要放棄。可是眼珠一轉，反正花時間的是吉他，就算只做了一半，對吉他也有好處。一個絕對值得吉他努力去爭取的好處。而且，品妍還找到一個呆姨丈沒有強調的重點。她發現愛因斯坦的相對論其實是絕對論。至於推銷那一組呆公式的辦法，就讓它懸著吧。反正品妍懸在半空中的陳年疑案多著，也不在乎增加這一條。於是品妍決定要把愛因斯坦的狹義相對論，也就是『狹相』，推到大眾眼前公審。也順便幫幫呆姨丈。

呆姨丈的太太就是品妍的么姨，么姨和媽媽大不相同。品妍的媽媽是五姐妹中唯一自由戀愛結婚的，么姨就不像媽媽那樣心疼老公。媽媽是很聰明的，可是她只建議，從來不違背爸爸的心意；么姨卻老是說那個呆姨丈是土星人，專門講地球人聽不懂的話。像這篇【狹相七問】就一點兒地球人的趣味都沒有。呆人就是呆人，比胖胖還呆。胖胖是大姐的兒子。上個月在台灣的時候，胖胖給品妍打過電話 "三姨，屁姨公老是給我功課做。說什麼我想讀數學系，就要趁早鍛鍊邏輯能力。這兩個月我就收到五篇文章，我哪有時間看。明年就要考大學了，考不好我媽媽會剝我的皮，屁姨公能綁住我媽媽的手嗎？三姨，妳評評理，像屁姨公這樣，學數學的去挑戰物理，根本就是不務正業，對不對？可是他是我的長輩，三姨，妳說我能怎麼辦？我記得妳以前教過我狹相，妳能不能也教教屁姨公？"

人家胖胖在國中二年級就知道狹相理論好比天動理論，要千百年才改得過來；現在不值得傷腦筋去改變狹相理論。

可這個么姨丈就是不死心。

狹義相對論，狹相，是愛因斯坦發明的，大部分人都一知半解。為什麼？道理很簡單，完全和生活無關嘛。么姨丈真想弄出一個結果，當然要講究大眾心理。如果寫小說的吉他有興趣，那就兩全其美了。品妍有個預感，那個人也許可以幫忙設計一個電腦遊戲來推銷呆姨丈的公式。那樣一來，在公審狹相這個事件裡頭，品妍手下就有兩個義工，那個人和吉他。

品妍手下有兩個副理。在業務副理手下有分區組長和前線業務員。品妍沒到香港就找到這家公司的台灣分公司，從大三開始做抽取佣金的業務員。雖然大四的課不多，但是品妍的業績不斷成長，她就找那個全職的麗釧搭檔。到了大四下半年，麗釧全部都在處理品妍的訂單，還找了兩個底薪的全工助理才能順利趕出訂貨。雖然出國兩年沒有連絡，可是嫁到香港，品妍仍然順理成章的當上台灣區的組長。做組長的第一個難題是廣東話。好在台灣區的業務員多少會一點普通話，而且大家習慣在英語中雜用漢語所以只有面對客戶時才有壓力。品妍在第二天就把公司一個打雜的小妹聘做自己的個人秘書，帶在身邊。由品妍付薪水，公司付福利。一個小小的組長居然比總經理還氣派。那個小妹也把她兩個同期的小妹給羨慕死了。後來品妍升副理時，在客戶半開玩笑半堅持下，公司還讓那個跟班的小妹接了台灣區的組長職位。當時那兩個同期的小妹，一個也升為業務員，另一個還是打雜。

然而三個小妹裡頭，品妍反而最喜歡那個打雜的小妹，一直和她比較有話說。那個女生總是笑臉迎人，帶著一種熱愛生活，真正喜悅的表情。品妍的喜悅就沒有那麼多。打雜不必煩惱訂單的風險大小，而業務員就不能不留意。品妍在這六年多裡頭，看了不少成功的業務員，卻也送走十多個待不下去的呆人。其實呆人並不真呆，只是不懂得應變，死守著千奇百怪的個人原則。

這個呆姨丈啊，弄相對論都弄了四年多，仍然弄不出半點兒名堂，卻還不懂得換個方式。品妍已經替她兩個相對論的義工，分別想好了對策。她打算先試試成本較輕的，那就是吉他的文章。品妍要吉他去強調，愛因斯坦的相對論，其實是絕對論。吉他在兩本科幻小說上賺了不少版權費，目前在北京一間大學的計算機系鬼混。"喂，請問是不是林正威？" 還好手機開著，卻不知道號碼對不對。

"哇！品妍啊。總算讓我等到這一天。十七年兩個月又三天。"這個瘋子，什麼十七年的？"什麼十七年啊？吉他，今天中午能不能空出半小時來？找你談一個計劃。" "妳不知道？這是有史以來妳第一次主動打電話給我啊！可以，當然可以。十二點嗎？要不要我打給妳？" 品妍想，是嗎？至少去年春節，想到吉他老是報怨。那個時候打過一次啊？品妍再想，喔不對，那一次，那個人搶了手機去，說 "品妍要我問你，什麼時候喝你的喜酒？"那麼，好像真的是第一次。"好吧，就這樣。我要下車了，中午再聊。"

第4節。 電話號碼

品妍記電話號碼最拿手。她也不知道怎麼回事。今年一月四號公司開會，負責出貨的工廠派了專員和兩個主管由馬來西亞飛來，當面說明。大會結束，分三組釐定細節。品妍和庫房主管談過，正在和流程主管研究一個配色流程，不經意聽到魏專員在他那一組說了一個電話號碼。後來把客人送走，黃副理忽忽跑來說 "郭經理，請問魏專員有沒有把手機號碼給妳？"
"沒有，怎麼了？問他們公司啊！" "問了，說是掉了，今天會在香港買一支。可能剛買，還沒通知馬來西亞。" "這麼急？" "哪能不急？有一個樣品是給揚州工廠今天下午對樣的，魏專員拿漏了。今天晚上再不開工，整批貨就趕不及裝船了。"

"用尺寸說明就可以了吧" "哎，說是在噴嘴後方的弧線必須配合印度廠的主機。主機成品有一些誤差，想用噴嘴來補救。" "那一組的人最多了，沒人記得？張秘書好像也在那一組啊。" "張秘書說她正趕寫魏專員的總結，寫完問小楊，小楊記不全，就說別怕，副總一定知道。等客人走了，兩件事卻同時在副總的辦公室報到。大家記得的號碼都試過了，五個人記得比較清楚，雖然有七個數字完全一樣。可是倒數三四五位的數字就有四種，四種都錯。" 品妍想，是不是我聽到的那個？"我上次不是說要錄音？你盯著錄音這件事，下一次，一定得錄音。現在試試這三個數字，八一二。" "好，錄音的事我積極點弄。我現在試試八一二。啊，是魏專員啊，太好了。請問您是在香港起飛還是在深圳起飛？我們要把噴嘴的樣品給您送去。"

從那次開始，品妍才發覺自己原來不必刻意去記電話號碼。想起要連絡的人，手就自然撥出號碼。她的手機常用號碼只有三個，婆婆的，媽媽的和那個人的。

去年聖誕節，品妍特別給想到的親朋都打電話，四十八個只有兩個不對。追查結果，那兩個居然都是換了新號碼。當時品妍愣了好久，不知道會不會突然有一天，腦袋裡頭的電話號碼全都不見了？品妍只跟媽媽一個人提過電話號碼的心事。在台灣的醫院快兩個禮拜，天南地北，和媽媽什麼都說，就想起那個擔心的事。媽媽說，么姨也有這個本事，品妍那才如釋重負。

難怪和么姨最談得來。么姨和品妍，就好像對方的儲藏室兼垃圾筒，常常電話線一接通，便忘了收線。像上回談【狼圖騰】的時候，品妍說 "人我和環境這兩樣事實，千變萬化，人人不同。已經有好多又有智慧又懂得愛的人，活過了他們美麗的一生，所以這個世界才有許多值得傳誦的生命事跡。" 這就一下子打開了一罐子的話蟲兒，么姨立刻接著說 "知己難尋啊。阿妍，妳我都是被老天爺寵愛的人了。真的是，與君一席話，勝讀十年書。妳說得很好，『許多值得傳誦的生命事跡』

正是不枉人生這一趟的最佳注解；好比我自己的一生平淡無奇，可是，至少那些奇妙的生命事蹟讓我明白，一個生命可以多麼精彩。能夠和妳這樣暢談，真是痛快。」 品妍覺得這個么姨真能拿自己消遣，品妍知道，其實么姨是很認真生活，很熱愛生命的。

品妍當時忽然想到，不知道么姨的絕對，究竟絕對到什麼地步？品妍就問「厷姨，絕對時間的概念可不可以包括這個意思？如果今天做一些什麼，甚至只是想一些什麼，明天就擦不掉今天的記錄？」 「我想，那只是理論上成立的一種狀態。如果自己做的事都還可以製造假證據去諉過他人，說過的話都還可以毀滅錄音去否認，或者製造假錄像去反證；那麼，那些曾經動過的念頭又如何去追蹤？事實上，人類所記錄的歷史和傳記，大多美化了主角。妳想想看，中國歷史一向是『成王敗寇』，那麼，在成敗未分的時候，又有哪一個互相爭戰的領袖不是殺人魔王？」

品妍覺得魔王這兩個字，會誤導聽眾。想了一下，說 「厷姨，妳這樣是一竿子打翻一船人。也許，身不由己，當一個領袖總要狠心幾次吧。至於誤殺，那更加只是一個事緣；古今難免。所以，我相信厷姨那個魔字可以拿掉。」 「嗯，殺人王。其實，今天的全球霸主還是以武力做後盾。看看中國的武力就知道，台灣的民主自決目前必定得不到美國政府的支持。台灣必須找到一個更先進的政府制度，類似妳姨丈說的那種『全民皆公』制度。不能太過於依靠外力支援。」

么姨又說 「今天雖然再也沒有政治皇族，但是單就建立功業的人而言，因為智慧不足，放不下名利，結果害死成千上萬人命，甚至傷透人心的例子也不在少數，像『文化大革命』就是一個最傷透人心的明確例子。偏偏歷史是由當權者來寫，於是，很多歷史教訓就被掩飾甚至改寫。在中國歷史中，像『文化大革命』這樣，明確記載『我們的領袖犯了大錯』這樣的例子，實在不多。」

品妍當時想，中國政府是讓毛澤東背上應有的罵名，這在中國歷史，的確少見　"是啊，人們說多黨政治制度比獨黨政治制度更好，其實，我看兩個差不多。它們讓更多賢能的政治家有機會表現，所以都比皇帝制度好很多。可是，比起瑞士的『全民皆兵』制度，還落後一大截。比起妳先生那個『全民皆公』制度，那是遙遙落後了。但是，不管多好的制度，在位職工的道德勇氣永遠是最重要的因素。"　么姨說　"我贊成。我最反對儒家的就是她『支持皇族』。如果可以讓孔子出生在今天這個時代，皇族不見了，那麼孔子難免就會『支持財團』。我尤其反對孔子那個『不在其位，不謀其政』的主張。不對，我更反對因為長久『支持皇族』而造成的那個中國民俗『君要臣死，臣不能不死』。"

么姨停了一下又說，"那就是今日『白色恐怖』的前身，那是一種政府官員和黑道殺手，居然可以結拜兄弟的謬論。"么姨的這個結論品妍也很喜歡，馬上回應說　"是啊，我發現孔子的學問很亂。先說那個把孔子之道一以貫之的忠恕之道。如果忠恕衝突了，那麼人們該和該戰？孔子根本沒給任何指示，所以事實上，它不應該算是一個道。孔子好像很賴皮。"

么姨說　"孔子還不算賴皮，而且，孟子，曾子和子思都不賴皮，這三個人對妳所說的『人我和環境』的實情，都有明確的見解。我認為，說『無為而治』的那一個自私藝術家才賴皮。好在有莊子替他撐著場面，把道家思想，帶入藝術的領域。當然，最極端賴皮的是說『四大皆空』的那個慈善藝術家。就算有了慧能，包括慧能，其實都很賴皮。甚麼禪宗公案，吃飽了沒事做，玩玩文字遊戲罷了。讓他們認養一個小孩就可以把他們拉回真實的世界。"么姨出聲笑了一下又說"我想，主要是男人好高騖遠。所謂欲窮千里目更上一層樓，在有限的高度內，真的可以看清楚較大的事物。但是，如果把自己的意境拔得太高；好比佛陀他看的是整個宇宙，在那種高度，完全看不清楚人類的活動，然後卻從那個高度去談人生；那麼，妳說，邏輯上，禪宗豈不就跟著佛陀，不管複雜的人類生活，只談個人隨性的一生？賴不賴皮？"　63

品妍當時覺得，這個么姨又有點過頭了，說　"厓姨，其實，佛和菩薩都是入世的，只有佛教教主們比較賴皮，不要利就要名，叫一些佛教徒們，都來相信自己的神通。"　品妍意猶未盡，說　"佛和菩薩是不和名利妥協的。孔子就非常妥協。好比孔子所說的『不在其位不謀其政』。它可以算是儒家的為政之道，因為它包含了明確的指示。然而，如果我們把它放到事實面前加以檢查，它只會讓孔子丟臉，丟到無地自容的地步。為什麼？想像如果自己是一個國王，一方面希望自己想怎麼做，就可以怎麼做，沒人干預；可是事實上，人難免犯錯；難道另一方面國王不希望有人提醒自己，即將犯下錯誤？儒家如果堅持『不在其位不謀其政』；那就沒人去了解國王的工作，也就根本沒有人可以提醒國王。那麼國王怎麼辦？如果我是國王，我可不希望因為無心殺錯人而抱憾終身。厓姨妳說對不對？我看孔子這個人，必定擁護國家機密檔案。殺錯人？沒關係，只有天知地知，以及王知。是不是這樣？孔子根本就是，完全和權力這個事實妥協。"

么姨說　"我看孔子還沒有老子那麼會妥協。他們都和事實妥協，可是，也都有不妥協的地方。老子和大自然妥協，可是他認為愚民才是上策，不肯對知識的自然增加累積有任何妥協。孔子和老皇室妥協，可是他認為育民才是上策，不肯對人們的自然不求上進有任何妥協。妳看，老子妥協得好，孔子妥協的差；但是，老子不妥協的地方根本和他自己的理論互相矛盾，而孔子不妥協的地方不但不矛盾，而且，把他妥協所產生的壞處給修正了一部分。"品妍想想，真有意思。"厓姨，妳好厲害。"　"都是被妳姨丈給磨出來的一些淺見，只能在朋友之間說說。和他辯來辯去，而今也分不清原本是我的想法還是他的想法了。其實，我討厭妥協。"　"是啊！我也是。我是不到不得已，絕不妥協。"

品妍和么姨的對話往往超過半小時，所以品妍這一年來，就不敢在么姨睡前打電話給么姨。今早，在么姨吃過午飯的上班時間給她電話，就是不想讓這個壞消息直接影響么姨睡前的心情。

B型肝炎最忌睡眠不足，么姨已經吃了一年多的藥，二姨是第三年，三姨更久，而且在兩年前，換了跟二姨相同的藥；小小的三角形藥片。在台灣很貴，要對分，一次半顆，淡粉紅色。在美國也不便宜，一次一顆，是比較小的白色藥片。誰知道，媽媽不必吃肝炎藥，卻突然已經肝硬化，再加上直徑四公分的肝癌瘤。

走進辦公室，小汪站起來打招呼，"郭經理早。" 說著替品妍開了門。"早。麻煩妳給我一杯綠茶。" 品妍覺得，今天也辦不了什麼大案。回來都上了四天的班，卻一直心緒不清，今天就不喝咖啡了。每次想到媽媽就好嚮往她的愛情。品妍也有愛情故事。打從品妍婚後開始，吉他平均每週一次電話。吉他專挑她的下班時間，通常是在巴士上閒聊，所以那個人並不知道。品妍回想，這六年來，吉他再怎麼甜言蜜語，彈琴唱歌，品妍都沒有偷情的喜悅。明明知道吉他的話都是即興的真心話，可是品妍當時就是聽不進帶有調情意味的話。品妍不知道自己的心是怎麼變麻木了。尤其在冲兒出生以後，品妍還規定吉他不能再瘋言瘋語；而且要那個人立刻介紹惜時和吉他見面，雙管齊下。誰知道，吉他還是繼續給品妍電話。

記得大約兩年半以前，有一個和吉他有關的電話讓品妍心神不寧。那時品妍過完梅兒的產假沒多久，也是剛進辦公室，一個女人由北京打品妍的手機電話，說是林教授的未婚妻，姓朱，想找品妍小姐。其實品妍也知道吉他訂婚的事，也當然確實替吉他高興。可是接到朱小姐的陌生電話，又想到吉他的瘋言瘋語；好比，吉他告訴品妍，曾經向未婚妻告白，說是還有別的女人終身難忘；也不知是真是假？想得品妍有點心慌。於是品妍打算速戰速決。"請問何事找品妍？" "我未婚夫車禍，昏迷中叫了幾聲品妍；不知道品妍小姐能不能到北京來，也許可以幫助他早一點醒過來？" 品妍心神突然一陣慌亂，想不到這個吉他出事了。這要如何回答呢？"我就是郭品妍，郭媽媽。我想，妳把我的電話給醫院，把醫院的電話給我，暫時保持連繫。我會配合醫生的要求。不知道朱小姐認為這樣可好？"

65

說完，心情還是非常沉重。完全記不得後來，自己又對惜時說了些什麼。隔天，那個人飛了一趟北京。吉他昏迷兩天醒過來，除了手臂割傷沒啥異樣。

可是，後來吉他說　"惜時一直吵著要看郭媽媽的模樣，我只好給她看妳高二的照片。她看了，卻決定把婚期無限延遲，讓時間來檢驗我對婚姻的態度。我早跟妳說，給我一張妳和聽梅的合照，妳死都不肯。這下子，我麻煩大了。惜時說，現在每個周末只能見一次面。這三天，我一點辦法都想不出來，妳快幫我想想這個周末我該怎麼說，怎麼做。我這幾天完全食不知味，上課還差一點講錯了例子。品妍，妳趕緊替我動動腦筋。"品妍當時想　"笨蛋，就是希望你快點找個老婆，才一直不給你照片。你居然還給惜時看我年輕時候的照片！自找死路。"想了想，就說　"你啊，真是不懂女生。快寫一首好歌，死纏爛打。慢了你就慘了。"　"好，我立刻寫。謝謝妳，品妍。"

剛到香港，拿手機對著品妍拍照的人比在台灣更多也更加恃無忌憚，而且，更讓品妍覺得有趣的是，連女生都來湊熱鬧。在台灣，那個人和別人吵了幾次，一直找不到什麼好理由，後來，居然就反而引以為傲。可是到了香港，那個人還是沒辦法立刻適應香港人的誇張作風。有一次，類似業餘攝影師的兩個人，拿一張拍立得，要求品妍在上面簽字。品妍看了那個長髮飄動笑得燦爛，幸福無比的自己，想不到自己居然可以和陽光那麼融合；正想答應，那個人一看照片裡頭沒有他，就說"去去去！"還差點把照片打掉了。

對方眼看品妍明明要簽，有點不高興，"又不是找你簽名，真是癩蛤蟆霸佔天鵝肉。"他立刻和對方那兩個人大聲理論。也不知道是誰先碰到誰，就打了起來。最後還是品妍加入戰局才把對方打跑。

吉他半年前說，他寫了一首『我是這樣愛妳』，唱了一年多，總算又把婚期定下來了。

可是吉他上星期居然說 "惜時遲早會發現我的秘密。品妍，我老是管不住自己的下意識。老想大學時代，老回味上星期的電話，老幻想能再和妳喝杯咖啡，看妳享受香氣時，半閉的睫毛。品妍，妳救救我。" 說完自己先掛電話。品妍也懶得再打電話算帳。這吉他未免太得意忘形了，千辛萬苦贏回婚姻，還要吃老朋友豆腐。品妍就想，這朱惜時也是一號人物，居然把婚期定得讓吉他有苦難言。半年來，連鬼主意挺多的品妍也愛莫能助。然而，今天找吉他，正是吉他的機會終於來了。

第5節。 愛情

五年來，吉他沒少提起，他對惜時的心意。然而，媽媽從來不談她對阿爸的情分。媽媽是做。做出來，品妍看著痴迷，妹妹看得心酸，弟弟看出機會，卻不知道阿爸和姐姐們怎麼看它。問阿爸，他只是微笑。可是做了四十多年，媽媽的肝臟突然提前退休。品妍知道媽媽再也保不住自己的肝。可是媽媽還不知道，如果沒有新的肝，她自己只有兩年多的日子了。

省立醫院的醫師從半年前就一直建議媽媽到大醫院檢查，可這隻駝鳥媽媽，把所有家人都瞞著，仍然每天買菜煮飯給一家七口吃。都六十二歲了，還帶著七人份的食材，爬樓梯，上四樓。想到四樓，品妍就滿心滿腹的無奈；無奈自己的計劃永遠趕不上變化。品妍大四開始有不少進帳。她就讓那個人幫她投資，開始品妍的購屋基金。存了五年半，湊巧在升副理那年運氣好，品妍的綜合利潤分紅驚人的多。 可是，她剛把存夠的錢轉給媽媽，想讓媽媽搬到一樓。阿爸卻在那個時候，同意幫弟弟開公司。媽媽二話不說，把整筆錢都給了阿爸。之後，品妍又存了三年，剛想買，弟弟的公司竟然說垮就垮，而且還負債累累。阿爸出面替弟弟收拾善後，於是媽媽的一樓又不見了。媽媽繼續買菜，提著菜，爬樓梯。

品妍想，如果只是勞動身體，應該不會突然就是癌症末期。媽媽平日裡雖然惹不起媳婦那張利嘴，可是她並不在意媳婦的話。

67

問題是老爸偶而會埋怨媽媽，說是不該提議讓兩個女兒都出國留學，造成兒子心理不平衡。像這一類的兒子事件，光是品妍自己親耳聽到的，已經不下五次。其實是弟弟學吉他泡妞；人家吉他，只是一個一個泡，弟弟卻一泡就是兩三個，換來換去。大學沒讀完就奉子成婚；還怎麼去留學？偏偏弟弟常常提，而老爸重男輕女的觀念改不了，就常常愧疚，也就常常歸結到媽媽帶頭壞事。有一次品妍聽到爸爸在廚房說，"我說別讓林正威在我們家教吉他，妳偏偏答應了。妳看，把兒子的心都變野了。我實在應該堅持到底才對。"媽媽回答"是我想得太天真了。現在你說怎麼辦，我就怎麼辦，好不好？"阿爸拿弟弟沒辦法，也很煩，可是他卻說"現在，現在我能怎麼辦？跟妳說不要讓老四去留學，供應一個已經很吃力，妳偏偏喜歡她那副撒嬌模樣。我還讓她寫了借據，無息貸款；可現在老四只能保住自家，讓兒子又多一個口實。我都不知道該怎麼說他。照我看，他的公司遲早要倒。妳說怎麼辦？"阿爸居然把當初媽媽原本反對的投資案，反過來讓媽媽設法補救。

品妍偷聽了對話，很想進去插嘴"媽媽當初反對弟弟開公司，就是不要阿爸有目前的煩惱。媽媽是未卜先知。"但是媽媽知道，阿爸因為真的鬥不過弟弟，已經煩透了。所以媽媽只是輕聲的頂嘴"你不要被兒子騙了。阿妍平常逢年過節的禮金不說，單是那一筆她給兒子開公司的錢已經都超過兩個女兒的全部留學費用了。兒子能有什麼口實？你是大股東，只要帳面上問題不大，就不要煩惱。阿妍已經又給我存了半棟房子，必要時，買一間小一點的房子就是了。對不對？別煩惱了。"品妍聽到這兒，差一點衝出去，要老爸立刻找會計師評估弟弟的公司。然而又想到，難得回家一趟，主要目的就是多看看媽媽的笑容。而今媽媽已經都決定出錢，當然不能掃媽媽的興。錢是給媽媽的，怎麼花那筆錢，自然應該隨媽媽的心意。雖然早日評估，可以減少損失；可是惹了弟弟，媽媽也不好過。不如緩一緩，讓弟弟自己投降，至少可以保一段媽媽的平安日子。好不容易想通了，品妍一面祈禱弟弟的公司，千萬不要負太多的債，一面走進廚房，說"阿爸，你在這裡啊。來試試這件背心。你的那一件領子都脫線了。"　　　68

那是三年前的事了。弟弟的公司,又拖了一年多,還是在二〇一〇年十一月垮了。負債額比投資額還高出一成。品妍在當年十月給媽媽的一樓也就完全再度泡湯。有半年多,弟弟一家根本白住白吃;說是弟媳婦賺的錢,付了教育基金,瓦斯和電費,剩下的零花都不夠。

60

阿爸的四代同堂就一個人最得意。那是媳婦。弟媳婦抓住阿爸疼孫的心理,為所欲為。偷懶是小事,有一次被阿爸發現偷錢,都可以大事化小,小事化無,品妍實在服了那個弟媳婦。真不知道這個蠢弟弟,是怎麼盤算他自己的將來。媽媽說她也很想知道偷錢的真相,可是阿爸說,讓他一個人處理,於是媽媽就警告品妍姐妹,不准提起偷錢事件。

品妍聽媽媽說金額不小。其實不論金額大小,品妍知道大方的媽媽很難接受媳婦偷錢的事實。媽媽一生沒有跟任何人計較過。和媳婦之間的瑣碎支出帳目,全部都是媳婦怎麼說,媽媽怎麼接受。所以媽媽當然無法理解媳婦的偷錢行為。可是只要阿爸決定了,媽媽就照辦。不只身體操勞,更加笑臉迎罵嘴。不論阿爸如何錯怪她,媽媽頂多稍加解釋,絕對不會給阿爸任何臉色看。

然而,媽媽十多年的劫難終於還是在上個月浮出水面;她虛弱得趴下了,緊急住院。品妍當天晚上就飛回台灣。媽媽仍然笑臉迎人。“阿妍,什麼都不要說。陪媽媽坐一會,媽媽最喜歡看我們漂亮的妍妍了。”媽媽有一次說,她一生最得意的事就是生了品妍這麼漂亮的女兒,把妹妹氣得直說媽媽偏心。那時候品妍高二,學校裡頭為了五十周年校慶舉辦全校的選美活動。每班派出一個學生參選。好多家長把那件事當成真的,印了許多宣傳海報,全校貼,到處送。有不少的宣傳卡還附帶印有候選學生名字的原子筆或者印有相片的精緻筆記本。還有的直接送小手電筒或者送出印有號碼的名片,可以抽獎。什麼花樣都有。三十八個班級轟轟烈烈鬥了將近三個禮拜,品妍的爸媽完全不知道自己的女兒也是候選學生,品妍自己更像個沒事的人。

把班長急昏了頭，一直纏著品妍去拉票。

品妍根本是校園外的學生，沒借過圖書館的書，也沒進過活動中心。高一時，要應付那個人的約會都抽不出時間，到了高二，品妍要應付兩個人的約會，又突然迷上了自然步道協會的解說員工作。別的候選學生都趕緊加強表演的才藝，品妍卻忙著去考解說員的執照。選前的週末還是品妍第一次當解說員，帶的是老人隊。十二個阿公阿婆，爬士林芝山岩卻個個生龍活虎。有一個阿婆老是問品妍"給我做孫媳婦好不好？"一路上不死心的問了不下十次，品妍只能微笑搖搖頭。那個阿婆開出的條件卻一個比一個離譜；又是汽車又是遊艇，又是豪宅又是別墅的，好像全球到處都有房子，也不知道是真是假。

品妍到了選前晚上才問媽媽選美要穿套裝還是短衫配牛仔褲？媽媽說，"賣妳的腰吧。"結果品妍是唯一穿長褲和短衫展示身段的候選者。看了好多特別訂製的禮服，品妍想，果真是佛要金裝，人要衣裳。那要怎麼辦？怎麼運用長褲呢？我必須找到方法！總算快輪到品妍的時候，她忽然想通了。要演出一個有活力又熱愛戶外活動的健康女孩！品妍就帥氣的演出游泳，划船，健行，跑步，體操，打跆拳和半套柔道基本動作；弄得滿頭大汗，卻果然博得滿堂喝采。品妍的才藝表演，準備的是清唱。穿著校服，沒有伴奏。已經出場了，整個大禮堂還是像菜市場一般熱鬧滾滾。可是，當品妍那個"滴不盡的相思血淚拋紅豆"的"滴不盡"一開口，全場突然鴉雀無聲。當她唱完第二次"綠水悠悠"，全場還是沒人說話，好像在等她唱第三次的"啊，恰似遮不住的青山隱隱"那一段。品妍也不打擾他們，站在台上微微笑著。好一會兒才說"謝謝"，一鞠躬，轉身。正要下台，台下卻轟然鼓掌，把品妍也嚇了一大跳。那個人常常纏著品妍唱些小曲，那個迷上吉他的吉他更是聽得如痴似醉。選美那天的"紅豆詞"品妍不知唱了多少次。好像每一次唱它，感覺都有點兒不相同，品妍也就特別喜愛它。

隨後的三個機智問答，完全難不倒鬼靈精的品妍。所以那天品妍就糊裡糊塗的被選為皇后。70

大會頒了四個獎座，皇后是一個渡金的后冠，第一公主是一隻白玉天鵝。品妍倒是喜歡那只天鵝。只顧著欣賞隔壁的天鵝，連大會怎麼結束的品妍都記不清楚了。

第6節。 三根睫毛

品妍比較粗枝大葉，不常被感動。可是一旦她被感動了，那就天塌下來也不在乎的勇往直前。有一次爬樹看幼鳥，她明明知道再爬高，樹枝就不夠粗大。她的靈魂也不斷給他警告；心頭有幾次慌亂，好像突然內臟都空掉了一般。但是她還是攀上了一個分叉點，看到四隻羽毛未乾的小鳥，在蛋殼邊啾啾直叫。當她想換個方向，看仔細些，卻突然刮來一陣風。她就失去了平衡，手臂由卡位的叉口滑出。本來品妍可以伸手抓住叉口底下的樹枝，可是她怕打翻了鳥巢，會把小鳥摔死；所以改向橫裡抓去，拍過兩枝小樹幹，總算讓她抱住了最低的支幹。可是兩個肩膀突然痛得她握持不住，只好鬆手摔下地來。原來品妍肩膀的筋被拉裂了。整整一個星期，肩膀痛得吃飯都得媽媽來餵。

那是小學一年級剛結束的事。媽媽說，品妍的鼻子本來是扁的，可是上小學後，突然在一年中挺高了。由於在學校交了許多小朋友，品妍一天到晚帶頭鬧事；校中呼朋引伴，專門惹老師和校長；回到家中又纏著姐姐，逗弄弟弟和妹妹，品妍的爸媽忙著處理她的麻煩，根本沒時間注意三女兒的長相變化。直到升二年級的暑假，那個總算在床上安靜下來的品妍才讓媽媽突然間認不得自己的女兒，"孩子的爸，你來看看；這孩子的鼻子長高了。"品妍想摸摸鼻子，手抬一半，痛得縐眉頭"哼哼，好痛。" 然後她有點擔心的說，"是不是像皮諾丘的鼻子？我沒有騙人啊！我真的看到四隻小鳥，我可以報給妳看。"媽媽趕緊說"我相信。我相信。可是妳的鼻子真的長高了。"品妍立刻陷入苦思。"媽媽，我好像跟胖妞說過一些謊話。怎麼辦？"爸爸也過來了，"阿爸，怎麼辦？"

阿爸還蹲下來看"阿爸先檢查一下,好像跟昨天一樣啊。是一樣啊,媽媽大驚小怪。阿爸拿鏡子來,妍妍自己看。"品妍這才比較放心,"好啊,我自己去看。"一溜下床,就跑去浴室。墊著腳左看右看,這才放心。笑著回來,朝媽媽肚子就是輕輕一拳。然後又縐了一下眉頭,"哎呦。媽媽好壞,媽媽要長皮諾丘的鼻子。阿爸,我的肩膀要多久才會好?"阿爸笑了笑"醫生說,一個禮拜。""一個禮拜啊?好慘。"

整整一個禮拜,品妍才能自己吃飯,動手寫字。閉關期間,媽媽每天都給品妍唸故事書,陪到品妍睡著。當選皇后那天,媽媽告訴品妍說,她見過她阿爸的不少親戚,也看過自己這邊全部的伯叔舅和姑姨,還有他們的配偶子女;實在無法想像那個閉著的,又密又長的睫毛,竟然出自自己和丈夫的基因。媽媽又說,親戚的子女也不像品妍這麼頑皮。品妍記得,摔下來那整整一個禮拜,媽媽老是問品妍,"是不是神仙給妳托過夢啊?是個什麼夢啊?妳跟媽媽說說。"品妍也忘了自己都胡編了些什麼夢,只記得常常和媽媽笑成一團,把夢兒越編越離譜。品妍現在回想,媽媽最感興趣的事物應該是自己的睫毛,常常動不動就用食指來逗弄。品妍記得當時自己只是隨便抱怨一下"哎喲,媽媽不要頑皮了啦。"現在,媽媽再也不會玩品妍的睫毛了。

品妍右邊的睫毛,靠鼻子的一端有三根比較短一點。那是國二的時候和同學打賭,賭輸的。品妍已經忘了賭什麼,她願賭服輸,當場讓同學剪了三根。兩個月多才長成現在的樣子,短了一些些。

國二暑假,品妍有一次盯著鏡子看,雖然已經長回現在這樣,還是覺得右眼越看越邪門,十分詭異。品妍就直罵自己笨蛋,後悔當初為何不跳著剪?又沒有指定哪三根。"笨品妍。"罵歸罵,品妍當時覺得,再邪門都敵不過嘴角的明朗正義。尤其是小時候滿臉的刮痕,竟然怎麼仔細檢查都找不到。所以嘴巴的邊線就特別顯得細緻分明,沒有任何斷點。

加上微微翹起的嘴角，配合一大一小的酒窩；看起來就讓人覺得開心。當時品妍特別欣賞自己的嘴巴，就深深發願"妳這個有漂亮嘴唇的女生。一定要帶給這個世界更多的幸福和喜悅，否則我絕饒不了妳。"心願歸心願，品妍逐漸發現，那個心願太難搞了。自己先開心才能讓他人開心啊；想不到，人生過得越多，開心時刻所占的總比例卻越來越小。

第7節。 函數

品妍當然有麻煩。在台灣一個多月，還是沒辦法搞定媽媽的煩惱。都是那個氣人的弟弟。要工作，就有爸爸介紹。要開公司，就有媽媽出錢。每次換車也是媽媽出錢；公司垮了有爸爸幫他處理善後，負債累累又是媽媽替他償還。住，自然是住爸媽的，還是頂樓加蓋的新房子。孩子給媽媽帶，三餐讓媽媽煮。也不想想媽媽還得照顧婆婆；憑啥弟媳婦就不必煮飯？偏偏阿爸不死心，總認為四代同堂是必須維護的人生價值。媳婦不像媳婦沒關係，只要孫子仍然是孫子就好。這才累慘了媽媽。爸爸也不是大男人主義，洗碗，洗衣，整理孫子弄亂的房間，擦地板，…等等家務都由阿爸包辦。但是，阿爸不會煮飯也沒時間陪媽媽去買菜；因為阿爸有一份半天的工作。然而，媽媽出院，卻不是媳婦煮飯，而是阿爸辭職。真的把品妍看傻了眼。

上個月在台灣的時候，品妍常常磨著阿爸，找機會就勸阿爸讓弟弟獨立。阿爸總是說，弟弟也付了一些房租和保姆費。在醫院時，品妍說"別看媽媽笑著，一派元氣十足的樣子；只要有癌細胞都會有想動都動不了的時刻。老爸啊，媽媽不能再煮七人份的飯菜了。"半年不見，阿爸整個臉都瘦了一圈。阿爸說"阿妍，我會好好跟妳弟弟談。如果談不出結果，我再找妳妍究一個對策。妳知道，他們比較不會照顧小孩。"品妍打鐵趁熱，"就是說嘛，不負責任。你什麼時候談？要不要我在一旁敲敲邊鼓？"阿爸想了一會，"還是我單獨找他談談吧。"品妍知道，弟弟的歪理很多；而阿爸常常抓不到歪理的死穴。

可是阿爸的態度是事情成敗的重心，所以急不來，也不能亂催。媽媽出院以後，果然不必煮飯。阿爸煮。品妍的目的是讓媽媽擺脫弟弟的糾纏，但是，阿爸不放棄，媽媽就只能被黏著。

這好比媽媽是一個函數，而這個函數的主要自變數就是阿爸。其實，媽媽這個函數根本只有一個自變數；不像品妍。品妍是一個複雜的多變數函數，而媽媽是單變數函數。爸爸一高興，把『阿爸高興』這個自變數放進媽媽這個函數，得到的函數對應值就是媽媽也高興，而且是『兩倍的高興』。當然，在阿爸煩惱的時候媽媽就有兩倍的煩惱。阿爸執著於四代同堂，就算只是表面的和平共存，也要維持那個傳統的價值觀念。所以媽媽雖然很想弄清楚到底媳婦有沒有偷錢，但是她在事發前後都不吭聲，免得撕破臉補不回來。而且嚴重警告品妍和妹妹不得置評；一切都由阿爸拿主意。

品妍就不同了。在品妍心中，那個人永遠排不上第一名。品妍把王令冲和王聽梅擺在第一位，再來就是媽媽，自己和姐姐妹妹，然後才輪得到那個人和他的爸媽。弟弟呢？再低一個層次吧。品妍這個函數的每一個自變數都會引起品妍全心全意的反應。不像媽媽。媽媽當然也非常寶貝孩子，但是，媽媽的人生目標只和一個人相關。媽媽說「我並不是忍受媳婦的無理要求；而是根本對媳婦死了心，對兒子灰了心；不期待了也就沒有忍受的感覺。」品妍知道，媽媽只一心期望阿爸哪天也能看破，那麼媽媽就再無肉體上的負擔。可是，品妍認為。媽媽再累也是一廂情願，滿心歡喜的；只因為，那是阿爸最希望她做的。更簡單的說，只要能看到阿爸沒煩惱；而是在吃，在逗孫女，在掃地，甚至於在看電視；只要阿爸沒煩惱，媽就心滿意足了。

去年暑假，媽媽在電話上告訴品妍「媽也想念女兒啊，可媽知道，你們不需要媽的幫忙了。所以媽對女兒就想得少了，尤其是妳，好少好少。好不公平，對不對？妳幫媽最多，媽卻想妳最少。阿妍，媽好壞，好壞。」

品妍有點想哭的感覺，馬上說 "我比媽更壞。從我懂事到現在，我都是在最無聊的時候才會想到媽。好不公平，對不對？妳辛辛苦苦把我生下來，可是我無聊的時候，還去挖那些陳年懸案；只有在最最最沒事做的時候，才輪得到，想妳。媽媽，今天我才發現，原來我是這種人。媽，我是不是好可怕啊？媽，我真的是比你壞，而且，我知道，我還會繼續壞下去。媽，媽媽。啊，媽，我就是這麼不公平，怎麼辦？"

品妍知道，哭也不能改變；反正，事情就是這樣，應該是最濃的，反而，最淡。可是，媽媽比品妍聰明多了，媽媽居然笑著說 "傻孩子，就會逗媽媽這個傻瓜。好了，不煩妳了。我記得給妳電話就是了。拜拜。" 然而，在那一次對話裡頭，品妍卻認真的感傷了一回，那種人生的無奈。隔了一個禮拜，品妍就忍不住帶了兩個孩子，回了一趟台灣。

品妍一直認為，陪著阿爸就是媽媽生活的唯一重心。媽媽不說話，她只是將大把大把的時間，直接給了阿爸。可這樣去愛，真是愛得傷痕累累。

一個多月前，在大醫院檢查結果，媽媽有胃潰瘍，肝硬化，四公分直徑的肝癌瘤，引發初期骨癌，還有肺水腫，加上糖尿病，也就把超高的血壓給擠到了名單的底端。由於肝硬化嚴重，不能切除肝癌。由於胃潰瘍嚴重，不能治療肺。第一要務是，必須先控制胃裡的傷口才能退燒。知道媽媽必須換肝，品妍立刻希望自己的肝爭氣一點。誰知道，媽媽還沒出院，已經檢驗出來。阿爸和孩子們的肝都不匹配。品妍拿著醫技公司的檢驗單，望著窗外的杜鵑花苞，反覆的想著為什麼不匹配？怎麼可以不匹配？有五個親生的孩子，居然配不上一個？到底怎樣才能匹配？呆站了十多分鐘，品妍決定要問個清楚。可是，事情弄清楚了，卻不見得比較好。

護士長說，如果媽媽年輕一點，那麼妹妹的肝勉強可以試試；可惜媽媽已經接近六十五歲的換肝年齡上限。

她又用食指指了指品妍那個數值最高的一欄，說 "這個肝最不匹配，一定會排斥"。那句話，把品妍的心肺一下子抓住，緊緊綁死。品妍突然覺得，呼吸的力量好像撐不開肋骨，吸進來的氣只能往下，和肚子硬搶空間；心臟也好像掉進了爛泥塘，跳得快要接不起來。品妍一時間完全動彈不得，雙手靠在護士房的櫃台，兩眼盯著檢驗單，努力調整呼吸和心率。護士長關心的問 "這是妳的數據？妳還好吧？" 在一旁的年輕醫師卻以為，品妍是想了解，檢驗單上面的那些數據都代表哪一方面的排斥性。走近品妍，看著檢驗單，一個一個說明起來。邊說明，邊側頭看一下品妍。過了好一會，品妍才終於安撫好心跳。她就找一個停頓點，看了一下醫師，嘴上說 "我明白了，謝謝你。" 然而心中卻直喊，"我不明白，我是不明白，我如何明白？我的親媽媽啊，怎麼不能用我的器官？怎麼不能用？不能用？" 邊想著怎麼不能用，邊對醫師點點頭，品妍收起了檢驗單。心裡直覺，仍然無法面對媽媽；於是慢步走出醫院。在公車站坐了下來。

不禁想起媽媽住院的第三天，正高興媽媽終於退燒，可以處理肺水腫，醫生卻找了品妍和爸爸報告病情；回想著，品妍眼中又裝滿了淚水。那天醫生說，如果沒有換肝，媽媽活不過第三年。雖然早有預感，品妍還是鼻頭一酸，淚如雨下。醫生又說，這個病情越少人知道越好。阿爸當時決定，就兩個人知道。當天醫生還說，和媽媽匹配的那一群候肝病患，媽媽排第五順位。第一順位已經等了十三個月。可是再過兩天，檢驗結果出來，媽媽也許馬上有親人的肝可以換。

品妍拿出檢驗單，又看了看。檢驗單上面，品妍的數字被折得無法識別，而品妍也無法想像在檢驗單上，自己的肝，居然最受媽媽排斥。昨天品妍還挺高興的幻想，也許可以透過半個肝臟去了解媽媽的單變數愛情函數；現在看來，今生是沒有機會了。品妍站了起來，邊走回醫院，邊想著媽媽的愛情函數。

第二段：品妍的狹義相對論

函數的奇妙處，在於『唯一的結果』。只要自變數在定義域裡頭，那麼，給函數一組自變數，就有一個，而且只有一個，應變數出現。這些『變數的數值』，其實可以換成『東西的數量』，『緊急的程度』，『品質的高低』，，等等可以量化的事物，那就可以把函數的概念擴展到日常生活以及經濟活動裡頭。函數不能處理的只有感情，所以函數也就不能拿來處理藝術。

第8節。 初探狹相

自從國二第一次接觸函數符號，品妍就被函數的簡潔概念給征服了。品妍尤其喜歡函數那種都只有一個對應值的規定；不論有多少個自變數，只要自變數都給定了，就一定有一個，而且只有一個，對應值。因為，品妍認為，當她自己該做決定的時候，就必須有一個，而且只有一個決定。她認為天下再沒有比函數更漂亮的東西了。對品妍來說，上班所以能夠這般輕鬆，完全是函數在幫她。尤其是定義域和值域的分析，讓她的小抄比副總的分配表更明確更實用。

有一次家教，那個高一的女生在做完第二個習題後，居然說"郭老師，妳好像神仙喔。我們老師講了三四次，我都聽不明白。妳說一次，我就知道我做對了。"品妍當時想，要背下定義不是問題，但是，在解題的時候一定要抓得到唯一的重點。在函數接龍的時候，前值域是否在後定義域裡頭的那個檢查點，就是重點。至於兩個函數同時成立的問題，事情比較麻煩。品妍那時決定一次一個才不會記混了"那是因為妳想通了檢查值域是必要的工作，問題才能迎刃而解。我們下次再看第九節的習題。"

滿腦子胡思亂想，品妍居然下意識的完成了兩個訂單修改。

品妍又拿出了三十六頁的電郵，再次面對函數。姨丈提到的就是兩個函數同時成立的問題。然而洛侖茲轉換（洛轉）和逆洛侖茲轉換（逆洛轉）必定同時存在，卻是一個隱藏的現象。姨丈反覆論證，希望把洛轉和逆洛轉同時存在的事實，明明白白的說給一般大眾聽。品妍覺得，那個呆姨丈是對牛彈琴，找錯了對象。洛轉的公式太複雜，而且，一點趣味都沒有。反過來看看狹相，公式既簡單，又有時光隧道；多麼有吸引力。可是，呆姨丈沒有把狹相也拉來，和洛轉對比一下。他只是提出乏味的時鐘悖論，想用邏
輯來推翻狹相。那樣介紹，誰有興趣？其實比起洛轉與逆洛轉的同時成立，狹相那種『兩個函數同時成立』的問題，既不隱藏也更加簡單。完全不必動到數學公式。品妍希望吉他能夠提到這個狹相的『定義域塌縮現象』。

詳細的說，狹相唯一的主張就是『動觀察員的時間速度比靜觀察員的時間速度更慢』。而且，狹相公式是根據『相對速率』來換算兩個人不同的時間速度。愛因斯坦更主張狹相公式和逆狹相公式的計算結果，都是兩個系統『實際的』時間速度。

品妍直覺在以上的詳細說明裡頭，有重大的矛盾；所以品妍在大一物理才看完狹相的定義，就不同意狹相。品妍相信自己的直覺，但是因為物理只是品妍的選修課，又想到古人都可以『因為知識不足而肯定了天動』，現代人為何不可以『因為知識不足而肯定了時動』？所以品妍沒有繼續追究那個直覺的矛盾。然而，當品妍在清明節和家人一起回彰化掃墓的時候，她發現，過站不停的火車，看起來，進站的速度比離站的速度快。如果按照狹相公式，不論是進站的速度 v 還是離站的速度-v，都是等速率|v|=|-v|，所以計算出來的結果相同。換句話說，狹相主張，火車進站和離站的速度，看起來一樣。

這個進站速度看起來比離站速度快的現象，就是品妍認為狹相公式有問題的第二個直覺。當時品妍不禁自言自語起來，"兩個完全不同的直覺都反對狹相公式，這未免太離譜了。我一定要找出狹相公式的毛病。" 78

回到家，品妍就把狹相公式和逆狹相公式攤開來。品妍把站在月台中央的自己當作靜系，然後把速度為 v 的火車當作動系。假設在火車的窗口 B 有一個動系觀測員 B。B 測量火車窗口 B 由月台邊移動到月台中央的時段長為 t' ，而品妍自己測量火車窗口 B 由月台邊移動到月台中央的時段長為 t；那麼，愛因斯坦的狹相公式就主張，t'=t/gamma(|v|)。在 v 小於光速 c 的情況下，gamma（|v|）大於或等於 1，所以，t'＜ t 或者 t' = t。也就是說，當 c>|v|>0 時，t'＜ t；而當 v=0 時，t' = t。這個部分是火車進站的情況。如果火車的速度大於零，那麼車上乘客就老得比品妍自己更慢。這是狹相的理論。

接下來，品妍繼續看逆狹相公式。逆狹相公式是把觀測員 B 當作靜系而把月台上的品妍當作動系。愛因斯坦主張，對同一個事件『火車窗口 B 由月台邊移動到月台中央』，由觀測員 B 和品妍測量到的事件時段 t' 和 t，如果用逆狹相公式來表示，那就有 t=t'/gamma(|-v|)的關係。也就是，當 c>|-v|>0 時，t < t' ；而|-v|=0 時，t = t'。現在就到了狹相理論最詭異的地方。狹相主張，時間速度是相對的。如果甲乙兩個系統有了相對速度 v，c>|v|>0，那麼，對甲系統的觀測員來說，乙系統的時間速度比較慢，可是對乙系統的觀測員來說，乙系統的時間速度比較快，而且，兩個都對。品妍發現，狹相的這個主張對於『窗口 B 事件』來說，就有點兒奇怪。如果按照以上狹相公式和逆狹相公式在『窗口 B 事件』的分析，那就好像 t 和 t' 必須相等。

於是品妍拍拍額頭，仔細把 t 和 t' 這兩個時段再研究一次。首先，在『窗口 B 事件』發生的時候，觀測員 B 和品妍自己，所測量的 t' 和 t 應該都是那個事件時段在兩個系統的『唯一而且固定』的記錄。不論事實上是觀測員 B 在動，是品妍在動，或者是兩個人都在動，t' 和 t 都是配合當時事實所測量出來的『唯一而且固定』的結果。因為當時的事實只有一個，那就是『火車窗口 B 由月台邊移動到月台中央』。所以，那組 t 和 t' 是『唯一而且固定』的。

如果，狹相公式和逆狹相公式都是對的，也就是，如果
（t'<t 或 t'=t）和(t<t' 或 t=t')都是對的，加上 t' 和
t 都是『唯一而且固定』的，那麼，t'=t 就是必然的結果。
那就是 gamma（|v|）必須等於 1，也就是 v 必須等於 0。所以
狹相公式只有在 v=0 的情況下才成立。除非品妍和觀測員 B 無
法對時。

品妍想不到這麼容易就找到狹相公式的弱點。品妍又自言自語
"那麼火車進站速度看起來比離站速度快，那兩個速度之間又
有什麼關係呢？"品妍想，也就是說，狹相公式只能處理 v=0
的情況，那麼 v>0 時，要用什麼公式呢？品妍就把洛轉公式和
逆洛轉公式用函數的概念檢查一次。品妍發現居然由定義域的
交集，就可以直接得到 v=0 的結果。有了這個發現，品妍非常
滿意，她就告訴自己"知道相對論沒有用處就好了，至於 v>0
的情況要用什麼公式，就暫時不管了。不要太貪心。"品妍打
算把第二個直覺的問題暫時打入冷宮，先把第一個直覺的問題
解決。

為了把相對論這件事告一段落，品妍決定去找一個柔道社物理
系三年級的學長，老張。那天品妍拿了教科書走向老張，老張
說"喂，郭品妍，妳也幫幫忙。這裡是大學耶，沒有人在社團
時間 K 書的啦。"品妍瞪了他一眼，說"花你十分鐘，我幫你
傳一次紙條。不要就拉倒。"品妍知道老張在追班上的小李。
果然，老張立刻一邊走到活動觀眾梯座的最低層，一邊說"當
然要，來，問吧。"品妍就攤開了狹相公式和逆狹相公式，說
"來，現在看看這兩個公式。我想請教你幾件事。第一件事，
要確認狹相的主張。狹相公式由靜系統 A 的時間速度 tA 去計
算動系統 B 的時間速度 tB，而逆狹相公式則反過來，由 tB 去
計算 tA。在相對速度小於光速的正常情況，狹相公式計算出
來的結果是，tA 大於或等於 tB；而逆狹相公式的計算結果是
tB 大於或等於 tA。對不對？"老張說"對。"品妍說"現在，
第二件事，要確認 tA 和 tB 的關係。

所謂時間速度可以讓系統 A 和 B 的觀測員去測量同一個事件 E 由始至終使用的時間 tA2-tA1 和 tB2-tB1 來比較。對不對？"老張點個頭說 "可以這樣做。" 品妍說 "第三件事，要確認在事件 E 發生的時候，只能測量到一個 tA2-tA1 的數值和一個 tB2-tB1 的數值，對不對？" 老張說 "對。" 品妍說 "那你說，既然狹相公式和逆狹相公式都對，在事件 E 發生的那個時段，那個 tA2-tA1 和那個 tB2-tB1 是不是就必須相等？"

老張說 "等等，讓我想想。在事件 E 發生的那一段時間，由系統 A 和系統 B 去測量事件 E 的時段，分別得到 tA2-tA1 和 tB2-tB1 兩個數值。狹相公式由 tA 去計算 tB，只要相對速度 v 小於光速 c，那麼 tA2-tA1 就必定大於或等於 tB2-tB1。更明確的說，只有在 v=0 時 tA2-tA1=tB2-tB1，而其他在 c>v>0 的時候，都是 tA2-tA1>tB2-tB1。至於逆狹相公式則由 tB 去計算 tA，而有 tB=tA 和 tB>tA 兩種可能的結果。如果兩個公式都對的話，那麼唯一的可能結果就是 tA2-tA1=tB2-tB1。不錯，在妳的事件 E 結構裡頭，狹相是有毛病。可是，如果沒有事件 E，也就是說，如果沒有參考事件，或者找不到參考事件，或者有參考事件可是無法溝通比較，那麼妳的事件 E 結構也就跟著不見了。對不對？" 品妍瞄了老張一眼，說 "哼，眼睛閉著就可以說事情沒有發生過，是不是？行，不依靠事件 E 這個結構，我也可以指出狹相公式的毛病。首先，狹相是由洛侖茲轉換導出的，而洛轉是函數，對不對？" 老張說 "是函數。"

品妍就說 "那麼我們就來分析自變數的定義域。在洛轉公式，自變數為 tA,位置和 V；在逆洛轉公式，自變數為 tB，位置和 -V。tA，tB 和位置都可以是任何一個實數，我們就先不管它們。現在，我們來看 V 和 -V。這個 V 並不只是代表系統 B 相對於系統 A 的等速度，這個 V 同時表示系統 A 的速度是零，而速度 V 的速率 v 則是 v=0 或 c>v>0，對不對？" 老張說 "對。"品妍說 "你這次沒地方躲了。這個 V 你同意了，那麼-V 表示系統 B 的速度是零，而|-V|=0 或 c>|-V|>0 你也就不能不同意。

81

所以，洛轉公式和逆洛轉公式這兩個函數如果要同時成立，它們的定義域就必須是兩個原來定義域的交集。你說，兩個定義域的交集裡頭，自變數 V 和 -V 的定義域交集是什麼？"老張說"是喔，兩個函數的定義域交集就把相對速度 V 和 -V 綁死在 |V|=|-V|= v =0，那一個情況裡頭了。嗯，郭品妍果然有一手。妳這不會是看了哪一本書，背下來的吧？"品妍朝老張一笑，說"是喔，我背得不錯吧？三天之內給我字條，否則這個合同逾期作廢。今天多謝你的腦袋了，回頭見。"

當時品妍只是可憐那些物理系的學生，要接受教授的想法，要相信愛因斯坦的相對論。品妍當時只是慶幸自己不必受擺佈。而今看來，既然利用函數的定義域分析以及么姨丈的代數等價代換就可以搞定狹相的廢物形象；如果再加上品妍想要強調的愛因斯坦絕對論，那麼就算無法推出『距離相對論』，至少可以讓目前的相關實驗『由純粹相對運動，提升到宇宙整體觀念』。

只是實際發表的時候，需要適當人選。吉他大約是不夠大牌的，品妍希望他能夠找到世界級的靠山。至少是國家級的，才有足夠的動力。

其實，品妍差一點提早攻擊狹相。三年前，胖胖和嘟嘟突然由新竹打電話到香港找品妍"三姨，我們理化老師說，每一個人的時間速度都不一樣。三姨，他在說什麼啊？"品妍就想，這一對國二的雙胞胎當然沒有聽過相對論。這要怎麼說呢？"嘟嘟，妳來說你們老師都講了些什麼？"嘟嘟是妹妹，比她哥哥細心。"昨天有同學問老師說 '『時光隧道』在哪裡啊？' 我們理化老師就說 '現在還沒有『時光隧道』。可是根據愛因斯坦的相對論有兩種可能的『時光隧道』。一種是超光速時光隧道，另一種是超重力時光隧道。' 那個同學就問 '老師，那我們要等多久才有『時光隧道』可以用呢？' 理化老師說 '這要看你們這一代有沒有第二個愛因斯坦誕生。根據狹義相對論，所有的東西，移動的速度都不能超過光速。

所以超光速時光隧道可能不存在。根據廣義相對論目前的發展，在黑洞附近有超強的重力場，所以超重力時光隧道就可能存在。但是，黑洞距離地球很遠，所以人類可能用不上超重力時光隧道。’那哥哥就問老師‘可是在黑洞和黑洞之間，重力不強，那麼超重力時光隧道怎麼連接兩個黑洞啊？是不是用量子糾纏連接啊？’我都聽不懂，那我就說‘黑洞和量子糾纏既然離地球很遠，我不知道沒有關係。但是，好多電影都有時光機可以把人送回過去的世界。我想知道時光機和『時光隧道』有沒有關係？還有，老師能不能說明一下什麼是超光速時光隧道？為什麼它不可能存在？’我剛剛說完，陳光仁就說‘老師，那些時光機都是騙人的啦。不用理趙嘟嘟。老師能不能教我們一點點狹義相對論？’那個陳光仁真是把我氣死了。”

嘟嘟停了一下，繼續說“老師就說‘陳光仁同學說得不錯，現在還沒有時光機。至於超光速時光隧道為什麼不存在，那就和狹義相對論有關係。可是，狹義相對論的公式。你們要上了高中才看得懂，要上了大學才能真的明白。簡單的說，狹義相對論主張一個人動得越快，他的時間就走得越慢。所以每一個人的時間速度都不一樣。在速度等於光速的時候，那個人的時間就停止，不再前進。根據狹義相對論的公式，愛因斯坦又發明了廣義相對論，主張，一個人所受到的重力越強，他的時間就走得越慢。因為廣義相對論的公式可以把一個事件的時間和位置都明確的計算出來，所以，和量子理論的測不準原理互相矛盾。”

嘟嘟想了想，接著說，”老師還說，’量子糾纏是量子理論裡頭一個奇怪的數學推論。這些矛盾和奇怪的推論，全世界還沒有人可以對一般老百姓說明白。所以就等你們長大以後去解釋了。’三姨，我和哥哥都不明白，為什麼每個人的時間速度都不一樣？”

品妍當場好驚訝嘟嘟的口才和記憶力，更欣賞她的理化老師。

品妍覺得台灣真是臥虎藏龍的地方，一個國中老師居然三言兩語就把相對論介紹得那麼乾淨利落。品妍就說 "你們的理化老師很棒喔。是這樣的，如果狹義相對論是對的，那麼動得越快的東西老得越慢。你想想看，每一個人的心臟一直在跳，所以，他的頭就比心臟老得快，對不對？" 胖胖說 "是這樣嗎？好詭異喔。三姨，妳是不是在耍我們？"

品妍忍不住笑了出來，說 "耍你們，你媽媽就一腳把我踹到外太空去了。聽清楚了，我是說『如果』。其實今日的『狹義相對論』有一點像古代的『天動論』。全世界都說日出日落，對不對？一直到天文望遠鏡出現了，天文學家才發現原來是地球在自轉，不是日出日落。那麼，狹義相對論在等什麼出現，來更正它呢？你們誰有答案？" 嘟嘟說 "老師說在等第二個愛因斯坦。" 胖胖說 "我說，在等兩三千年吧。" 品妍就說 "兩個都對。" 而當時品妍心中卻想著 "第二個愛因斯坦一定反對第一個愛因斯坦，等著瞧吧。" 胖胖又說 "三姨，為什麼動得快的人時間過得慢？那赤道上的人，他的時間過得比兩極上的人慢，對不對？"

品妍說 "那只是一個假設。根據那個假設，你的赤道兩極推論是正確的。但是，愛因斯坦還有另外一個假設，那就是廣義相對論，重力強的地方，時間慢。地球是橢圓形的，兩極距離小於赤道直徑，所以啊，根據廣相，兩極的人時間慢。兩個假設綜合起來，全球各地的時間速度也就差不多一般快。" 嘟嘟跟著問 "那山上的人跟海邊的人呢，誰快？" 品妍就說 "妳自己想想啊，跟三姨說，妳怎麼看這個問題？" 胖胖搶著說 "差不多啦。妳看嘛，山上的人動得快，可是山上重力小啊，對不對？" 嘟嘟說 "你很討厭㖠，不理你了。"

品妍說 "其實，能夠提出這個問題比能夠回答這個問題更不簡單。如果自己問然後又自己回答，那是最聰明的人了。好了，三姨還有事，下次再聊。"

品妍不想給雙胞胎帶來困擾，沒有提到狹相關於相對速度的問題。掛了電話以後，品妍突然有一個衝動，想把十三年前大一時候對狹相的挑戰挖出來。可是，公司正在快速成長，員公增加了不少，所以管理辦法有許多細節需要調整，才可以保持團隊的互助功能。品妍實在太忙了，只好放棄狹相。

三年後的今天能夠有這個機會，和么姨丈合作，共同對抗狹相，讓品妍覺得非常過癮。現在就等吉他中午的電話了。就這樣，品妍收起電郵。又拿起一份待決的訂單。這就是品妍的辦事態度，絕不拖延，立刻告一段落。待決的訂單是一個五十多項貨物的中號訂單。利潤不足，業務員又不肯放棄。業務員是個老手，寫了兩大頁的理由。品妍把網路的信用資料再核對了一次，打算核准。於是腦袋又空了下來。開始把貨物的說明和價格，一項一項核對。

品妍突然想到升經理的事件。品妍在公司主持會議往往不超過十分鐘，包括會後同事的個別問題。有一次總經理剛好碰上，品妍正在給四五個排隊問問題的同事解惑。平均三十秒鐘解決一個，不到三分鐘她站起來，就看到總經理朝她大拇指一豎，說"真是要得！"品妍淡淡一笑"總經理啊，有什麼事嗎？""沒有沒有，郭副理，對公司有什麼建議就只管說，要公司配合什麼也只管提出來。"品妍點點頭"好吧，我找時間想想。"事後，一份報告出爐，建議成立技術部門，把打算外包的電腦升級工程，公司自己找人才來做，並且寫了程式綱要。品妍就升為經理，負責公司電腦升級的工程。

品妍添收第二個副理更是莫名其妙的事。升經理才兩個月，副總全家聖誕節環球旅行去，副總手上分派損失的工作就由品妍代理一個星期。她根據定義域和值域的關係，把副總那個近百條的承擔損失規章簡化成四張小抄，一共十一個重點，一口氣把幾個陳年老案也全部清理乾淨。副總回來，一個一個看過，立刻找品妍專門負責分配損失的任務。另外給她添了第二個副理，接下大部分品妍原來兼職的業務工作。

85

兩年多，業務員倍增，兩個副理各自添了助理秘書，有些訂單外圍的事還是排不出時間去安排。像是對外訂單會議必須錄音的指示，仍然還沒開始構想，應該把錄下的對話放到哪個文件，還有，在法律上，要如何取信於人。

黃副理說他問了幾個律師，還是不得要領。品妍就想，也許公司應該養律師了。就像當初養技術部門。現在技術部門已經由品妍手下獨立出去，上個月開始對外服務。也按照品妍的構想，簽了第一個一年合同，替公司賺了第一筆技術顧問費。品妍從台灣回來，就收到總經理送的一筆不小的獎金。

突然電話鈴響了，"喂，業務部郭品妍。" "郭經理，宏川章經理問妳，哪一天中午有空吃頓飯？"原來都快中午了"把電話轉過來，我和他約時間。章經理你好。明天中午可以嗎？"還有一個老朋友參加，品妍大約知道要見面的說客是哪一位，可是對方只說是一個老朋友，品妍就讓他賣一個關子，"好，我這兒帶黃副理和張秘書過去。如果換人再通知你。那就明天見。"品妍打算讓黃副理去應付那個老朋友。"小汪，明天的飯局十二點到兩點在瑞慶酒家。麻煩妳聯絡黃副理和張秘書，如果他們有事，立刻通知我。謝謝妳。"再過四十分鐘就得打起精神辦事了。這個狹相什麼不好觸犯，偏偏槓上了品妍最欣賞的函數，那麼品妍就要認真對付。

第9節。 雙贏

還有四十分鐘，品妍打算再解決一個訂單。拿了下一個，又是一個修改訂單的案子。一般都是在追加的部分，客戶要求折扣。這種溝通上的問題，誰都不是專家。就是專家也有漏列的情況。大多數客戶會感激我們在事前挖出問題，可是有一些客戶就硬說全是我們的錯，應該在追加部分打些折扣。品妍上網查了客戶的網頁，又和經手的業務員談了兩次；發現這個案子比較麻煩。雖然金額不大，可是事關將來客戶是否繼續往來。品妍打算下午再全面了解，一次解決。

空了下來，品妍瞄了一眼剛剛否定的折扣要求。順手打開來，再考慮一次。仍然決定，為了五十萬港幣，只好違背正義。品妍自從經歷了去年年初的唐勁事件就徹底明白，一般人說的『商人無國界』是太客氣了。不只是愛國情操不在商人的心中，別人的死活也同樣不在商人的心中。進入商界就要有破產的覺悟。像這個五十萬的衝突就是一個例子。在唐勁事件以後，針對修改訂單，品妍找技術部門，開發了一個電腦自衛系統。凡有修改訂單，電腦會在當天晚上把修改過的訂單傳真或電郵給客戶，並且用加大的字體要求客戶在兩天內確認回覆，如果沒有回覆，等同默認。

此外，對於超過兩千元的訂單，電腦會電郵給業務員和組長，進一步要求業務員或組長必須在隔天上午再次核對。然後和客戶溝通，確認客戶已經收到通知，並且把對方聯絡人的名字和確認的時刻打進電腦裡面。

這張五十萬糾紛的訂單其實是黃副理的錯。他忘了把同一天第三次追加的三個貨櫃的車體給併單，可是對方的糊塗經理相信黃副理追加的十二項就是全部的三次追加項目，居然簽字認可。還是李組長在四天後覺得可疑，向黃副理報告才發現湘潭的單子不是獨立的訂單。聯絡結果，周末趕工就多了四十一萬的成本，而追加三個貨櫃居然也要額外的九萬元。對於品妍來說，她認為『商人無正義』而自己就是沒有正義的商人。商人唯一的考慮就是兩個字，利潤。能夠看到最大利潤的就是天生的商人，但是看得到還要拿得到才算是有用的商人。拿得到就需要歷練了。品妍估算了一下對方的利潤，這五十萬元在長遠看來還是可以忍受的損失。所以品妍不打算讓步，只提出一張長期合約，同一產品，未來三張同量或超量的訂單，每張折價十萬元港幣。品妍相信這是雙贏的辦法。

品妍才把檔案放回已裁定的檔案架，忽然想到原訂的船位，追加三只貨櫃就多出九萬元，有點敲詐訂金的意味。如果找到拼裝船位，扣去訂金一萬五的損失還是值得試試。

87

"阿彪，我是小郭。你能不能幫我找找拼裝船，上海到聖保羅，四月二十五日到，三月二十九或二十八出發，七個四十尺高箱。""哇！小郭啊。我正想找妳。行行行，我看看。哈哈，貴小姐貓運亨通，一大早剛好有人退出八個高箱，訂金只退了一半。那麼就算妳成本價好了。我幫妳訂下來好嗎？小賴啊，我家阿珠吵著要見妳，什麼時候有空啊？""謝謝你，訂下來吧。明天下午可以嗎？我兩點到你那兒，可以待到四點；接下來公司開會。兩個小時可以嗎？"品妍估計午餐一個半小時可以結束，順路去，只要五分鐘車程，就一次解決。阿彪說很好。"那就明天見，我也很想見見阿珠呢。"說完，品妍想想，這下少了八萬多的衝突，那就把每個訂單折價十萬元改為九萬元吧。剛剛改好，放進完成的檔案架，手機響了。品妍拿起手機，正是吉他打來的。

第10節。　　　相片

"嗨吉他，謝謝你自投羅網。"先得嚇他一下。"喂，妳別嚇我。是不是朱惜時又惹妳吃醋了？"吉他上次打來，品妍正好在香港機場出關。

他說和朱小姐的關係又升到了臨界點。交往五年多，這是第二次他們兩人的電場又強烈到不親眼看見對方就無法平息思念的地步。品妍知道他們第一次電場高潮就是訂婚的時候，吉他卻遇到車禍，把一個遙遠的女人帶進了兩人的生活中。於是電場強度一下子掉到谷底。吉他真喜歡朱小姐，就寫了一首歌，把電場強度又唱高了。接著，吉他好像就變得患得患失的；又捨不得品妍這個初戀的幻影，又抓不牢惜時的心。上星期說了怕朱小姐發現秘密的瘋話，今天還這般不知死活。

品妍實在不明白男人為啥不能正經一點。"吉他，你要不要我找朱小姐認姐妹啊？""哇！我這又慘了。怎麼每次想要逗妳一下，都要惹火燒身？拜託拜託，千萬放我一馬。我真的喜歡她，妳別害我。我尊貴的高二皇后，請妳務必成人之美。"

是啊，高二的選美就是吉他選的歌。他說有一次聽品妍在廚房裡頭邊炒菜邊唱歌，自得其樂。聽到副歌的“啊”字卻把吉他的汗毛都豎立起來。他說品妍的音色唱紅豆詞真是絕配。哼，算是吉他的一件功勞。“好了，就算認了姐妹，我也只說你的好話，可以了吧？我的時間不多，我們談正經的。今天我要送你一個結婚賀禮。請你把心收到耳朵上，認真聽。”“真的？我這個人，哎，就是上不了殿堂當不上官。惜時說，哪天當上系主任就哪天結婚，這妳是知道的。我混了四年副教授才當上教授，這妳也是知道的。說吧，妳有什麼品妍魔法把我送上系主任寶座？”

品妍說“計算機系主任算什麼。你不是一直在物理系兼幾堂理論物理的課？我找到一個讓你從兼課那裡鹹魚翻身的機會。”“喔，聽起來好像是全球性的計劃呢。”“本來就是。電腦軟體再怎麼變都是團隊的工作，只有理論物理，才有讓個人出頭的好事。例如寫一本好書，就有這種機會。你這個政治旱鴨子，怎麼可能在團隊中出頭，對不對？”“有道理。說吧，我聽著呢。”品妍想不到吉他這麼急，“看來朱小姐的魅力不小。我倒想見見你的惜時。先 email 幾張照片過來吧。我現在就把資料傳給你，晚上再詳談這份賀禮。”

“不行，早跟妳說過，沒有妳的近照，休想看我的惜時。我跟妳說，她和妳是完全不同的，都是一等一的美女。妳想看，就先送兩張近照過來。”聽那個人說，朱小姐的確讓他忍不住要多看幾眼；太艷麗了。他說朱小姐的身材有些單薄，可是卻讓人覺得妖媚。

尤其是那雙丹鳳眼，那個人說“對了，還有菱角嘴；就是那眼睛和嘴巴，把不怎麼樣的身材都抹上了一層魔力。”當時，那個人還叫品妍站起來，轉一圈，然後他用手搔了幾下腦袋，“明明是妳的身材好多了，眼睛和嘴巴都比她漂亮；為什麼我看妳不會有不安的感覺，而看她，就好像靈魂不保，必須迴避，不然只能自投羅網。”

其實品妍也見過好幾次媚力十足的女人，尤其是大酒店的領班。化粧絕對不是因素，那些女人是從骨頭裡面媚出來的。根本不必什麼性感的唇，迷人的眼，只看背影就讓人想入非非。女人都能想到剝掉她的衣服來看一看，那麼男人就更不用說了。都說十分美麗白佔七，那雪白的脖子和臂膀，配上深色短領旗袍或無肩禮服，看起來真的是柔若無骨，吹彈得破。有幾次品妍就有摸摸看的衝動。

品妍的皮膚，只有衣服裡面是雪白的。新婚之夜，品妍才把衣服扒光，坐在床邊等他脫衣服；突然聽到呼吸不穩的驚嘆 "Oh, my God." 那個人咚的一聲跪在品妍前面，雙手扶上品妍的膝蓋，兩眼盯著品妍的胸部，顫抖的說 "品妍，讓我開大燈好嗎？我要好好感謝上帝。" 好一會他才抬頭，眼中隱含淚水，"十分鐘就好，可以嗎？" 品妍只覺得那個人像一個孩子，好好玩。就讓他看個夠吧，品妍點點頭。那個人如獲聖旨，馬上站起來，慢慢退到門邊。兩眼還是盯著品妍上下看，品妍正想說他兩句，燈亮了。他就停在開關那兒，靜靜的，全面的看著品妍，好久。然後慢慢走近，伸手要拉她起來。品妍乾脆就站了起來，還擺個姿勢逗他。那個人眼光一閃，立刻把品妍拉開床邊，慢慢繞著她轉。轉了三圈大約是看夠了，把品妍抱在懷裡，用鼻子輕觸品妍的眉尖。然後慢慢下移，想要親吻；品妍用鼻子碰兩下他的鼻子，通知他，有點酒臭。他就把鼻子鑽到品妍的腋下。品妍也隨他的意，該抬手就抬手。他在兩個腋下聞夠了，一隻鼻子竟然在品妍胸前，左右轉動，不想離開。品妍雙手摸摸他的頭髮，說 "你這樣駝著背不累啊？" 他才跪下去。額頭和鼻子在品妍的腰肢到處亂揉亂聞。忽然，他一把抱緊了品妍的臀部，把他的胸膛貼實了品妍的腹部，而他的頭也把品妍的上半身給頂得有些後仰，那個人還渾身微微的顫抖著。過了好一會兒，品妍才在肚臍上方覺得涼涼的，就看他把頭仰起來，兩眼淚水，激動不已的輕聲對她發願，"品妍，從今以後我只為一件事而活。現在開始，我唯一的任務就是，讓妳身心愉快。從今以後，品妍，妳就是我的主子。"

品妍根本不相信這種鬼話，可是聽他這樣的告白也挺舒服的，就說"真的？那我就做一個隨興而動的自由主子。今天，先給你一個見面禮，我答應你一個願望；說吧，你要什麼？"那個人說"品妍，我們可以開始生小孩嗎？"品妍把眼睛朝上一翻，他立刻站起來，倒退著去關大燈。兩隻色眼卻緊盯著品妍的私處。"不准看那裡。"他關了燈，跑過來把品妍打橫抱起，"那裡是哪裡啊？是不是這裡啊？"說著把頭在品妍胸前直鑽。從那天起，他天天要。第五天，品妍覺得這太過分了吧，"今天改成心靈性交。你看，我這樣深情的看著你，你就要想辦法比我更深情的表示出來，是心靈上的，不准接觸身體。"那個人伸手要拉品妍的手臂，"明天晚上才開始，白天我一定好好練習。"品妍單手擒拿住那隻賴皮手，"跟你說，不准接觸。"白了他一眼，輕輕放掉賴皮手，"好好練習？又不是跟你演戲。算了，不跟你做心靈溝通了。以後，不能天天要那個，最多兩天一次。"那個人就一直爭取最多的次數，而且花樣又多，十足好色之徒。好在，他絕對不勉強品妍。

冲兒在剛四歲時，有一陣子也很好色。動不動就想碰品妍的乳房。"媽媽比白雪公主漂亮。"雙手把品妍的衣領向外拉開，一隻小手就伸進去，要探乳頭。冲兒斷奶比較遲，還跟聽梅搶過一次母乳。品妍也就不當它是一件大事。只輕輕制止他伸到一半的手，"不行，妹妹也不行。"後來變成冲兒一有動機，品妍就輕輕制止。重覆了好幾次，將近一個月時間，冲兒才終於放棄了對品妍胸部的騷擾。品妍當時就想，那個人小時候，說不定也被他媽媽這樣教過。可是，品妍終於壓住了自己的好奇心，沒有當真去問婆婆。品妍想，如果驗實了，那才真是一對父子，同一付德性。

第11節。　　八里事件

品妍當初只是直覺那個人就是自己未來的丈夫。他老是動腦筋，想辦法讓品妍高興。吉他就只會陪在旁邊，參加活動；偶而寫一首歌或者畫一幅字，表示一些分開時候的思念。

在一起的時候，大多還是品妍出的點子。把兩個人反覆比較了一年，品妍在考完高中的時候，選定了那個人。然後她暗示吉他離開，吉他卻不管；照舊找品妍約會。品妍一概拒絕。偏偏品妍的媽媽喜歡吉他的穩重和帥氣而爸爸也不管事，吉他後來乾脆就賴在品妍家中做功課。接著還把他的學生約來品妍家，教授吉他。

半年下來連阿爸也站在吉他那邊，勸品妍先不要定下來。阿爸說，那個人只是好動好玩，如果考慮安穩的家，還是吉他比較理想。至於妹妹，那是更不用說了，小間諜一個。全家只剩下弟弟，住新竹的兩個姐姐和阿嬤比較中立。可是，品妍仍然堅持自己的選擇，不理常常窩在她家的吉他。

又過了半年，有一次暑假和那個人去八里海邊，他突然豪情大興。站起來，說他的一個電腦軟件賣了四萬元，還有後續的分紅；品妍可以放心玩樂一生。他一定把她養得白白胖胖，舒舒服服的。品妍聽了有點不高興。瞟了他一眼，“哼，誰養誰還不一定呢。”於是品妍第一次當面看見那個人生氣的模樣。整個臉一下子漲紅了，又不敢大聲反駁。兩隻眼睛瞪著品妍，雙手舉起來，又放下去。又舉起來，還是找不到話說；只好轉過身去，把雙手慢慢放下來。又慢慢轉回身子，看著品妍認真的說“當然是男生養女生。頂多是雙薪，怎麼可以這麼傷人呢？”品妍把嘴一嘟，“我就是不喜歡白白胖胖，我就是不奢求舒舒服服。我也知道我能賺錢；說不定是很多很多錢。我承認，在目前的文化裡頭，我說的話有欠考慮。我收回那個養字。可是我不道歉，是你先說我玩樂一生的。我哪有那麼無聊？”品妍一向直來直往，那個人真的又生氣了“讓妳能夠玩樂一生有什麼不好？那只是讓妳的一生多一個選項，又不是說妳必須玩樂一生。”品妍想也不想“你剛才就應該這樣講，雖然不夠明白，至少不傷人。反正是你做錯在先；我呢，也不要你道歉，你就不要逼我道歉了吧。”

那個人大約也忘了自己是怎麼說的，"我，我，我不是要妳道歉。妳以為賺錢那麼容易啊？現在是男人吃香的世界，等妳長大也改變不了多少。我只是想讓妳知道，我全心為妳著想。我可以在現實世界為妳建立一個安全的堡壘。品妍，我希望我是妳最好的選擇。品妍，到底哪一天妳才會把我當作妳唯一的選擇啊？"品妍有點煩。才讀完大二就急著把人綁住。哼，唯一的選擇嗎？現在就有唯二的一個成天纏在家中，憑什麼我只有一個選擇？品妍也不說話，看了一眼那個人。整臉剝心掏肺的表情，把原本舒暢的海風都凍結了。真是一個毛躁的小伙子。品妍突然覺得自己像一個老太婆。看著海浪，漲潮也有退浪，退潮也有進浪，分不清現在是漲潮還是退潮。

也許該讓吉他，進來壓壓那個人的野心；不要完全拒絕吉他的約會。"你去問吉他，上高中以後我有沒有應許過他的任何約會？"品妍狠狠瞪了一下那雙懷疑的眼睛，再補上一個不懷好意的表情"今後看我怎麼整治你這個不知好歹的狂人。"

說完站起來，拍拍褲子屁股上的沙，轉身就走。那個人也是天不怕地不怕的，"難怪吉他前一陣子那麼想不開。喔，天啊！我可愛的品妍。我的陽光，我的空氣，我的海風，我的生命。行，當然行。我接受挑戰，隨便妳整治。妳儘管出招，越毒辣，越能表達我的忠誠。"一面說，一面趕上品妍，握住她的左手。品妍就讓他握著。心裡想著，毒辣？害你對我有啥好處？我和吉他去玩，享樂去。品妍又想，吉他想不開？會是什麼事呢？反正，以後吉他會想開了。

第三段：品妍的實用主義

如果品妍繼續追問，吉他為了什麼事想不開，也許她就會對吉他好一點。然而，難道讓品妍嫁兩個丈夫？也許，沒有追問下去，才是最好的結局。品妍的人生還在『往前衝』的階段，種種不重要也不急迫的疑問，都得丟到腦袋的死角去，在那裡，等著。這個『吉他想不開事件』就這樣滾到死角去了。

第12節。　　書包事件

於是，品妍開始偶而也接受吉他的邀約。但是，她當著阿爸，媽媽和吉他的面講明白，她和吉他只是藝術上的朋友。絕對不能有身體解觸，隔著衣服也不行。因為那個人才是品妍的老公，只有他可以碰品妍。吉他學的是跆拳道，品妍學柔道。吉他喜歡搖滾，品妍偏愛清唱。每一次找那個人去看書畫展，都要討價還價的，十次只去得成三四次。品妍去看書畫，他去看人。

吉他和品妍都寫得一手好字，中英文字體都十分灑脫。那個人的字和他的臉一個樣，是方塊的。品妍和吉他都喜歡圍棋，那個人只會下象棋；而且好殺。常常失算，吃了小的死了大的，多半是車馬包死光了，只好棄子投降。可是那個人玩電腦遊戲卻很有天分，偏偏品妍一個都不肯學。所以，在夜深人靜的時候，品妍也不時懷疑自己的直覺是不是弄錯了？

這樣堅持了將近一年半。直到高三上學期期末，有一天品妍到那個人的宿舍去拿回手套。推開門，看見他正在給自己的程式抓錯。印了四五疊的稿，這邊抽幾張，那邊抽幾張，一路比對輸入輸出點。那種專注穩健的行家作風，讓品妍心中突然如釋重負。她終於找到了自己的直覺重點。是了。品妍終於發現吉他和那個人另一個不同的地方。那個人，簡潔啊！吉他的宿舍就夠亂的，品妍一定受不了。是的，吉他的床還是床，桌面也至少有半張以上可以用。

94

當然還看不到蜘蛛網，甚至灰塵也看不太出來。可是吉他的四個床角，至少有兩個角落看不到床角；而那個人的床角只有床角。品妍非常喜歡簡單。吉他的穿著有些講究，不是名牌，但是頗有品味。相對的，那個人則是全身衣褲找不到一個裝飾品。品妍呢？在小學二年級的書包事件以後，品妍就決定，終身堅守實用原則。那天確認了自己的直覺，品妍才答應去見那個人的父母。那個人馬上擱下工作，拉了品妍就走。他說"我媽媽老是說，我給她看的照片是電腦合成的。天下哪有這麼漂亮的小姐，就是有也輪不到我。喝，今天她終於有福見識一下，什麼叫做美人了。他們後天就要搬去香港；啊，我偉大的品妍，妳總是在我最危險的時候，救我一命。"

後來品妍還認定，實用最美。而且，超過實用程度所花費的成本是最明顯的浪費。就像書包事件裡頭的書包。結婚以後，品妍越來越覺得，浪費不只是抵消了事物的美感，而且多少象徵那些參與者的愚昧。浪費比奢侈更加不好，然而，非常不幸，九成九以上的奢侈事物都包含了浪費這兩個字。所以，要奢侈得不浪費，是需要一些天分或運氣的。雖然書包事件裡頭的書包代表了浪費，何書楷倒是奢侈得還不錯，只有那麼一點點的浪費。

小學二年級那一年，品妍班上轉進來一個名牌男生。全身的穿戴，書包的裡外，除了教科書和作業本跟同學一樣，其他的一律是名牌或者是訂做的。褲子燙得筆挺，衣領上還繡著一個小小的英文字，非常精緻。鉛筆盒是七個按鈕的日本跑車造型。書包的顏色很厚，原來是帶一點短毛的絨布。他就坐在品妍前面，想不看都不行。偏偏那個男生又不准任何人碰他的東西。品妍很想摸摸他書包的絨布，有時，趁他從旁邊走過，才把手伸一半，他就說"不要碰我的書包。"，而且，屢試不爽。那小子的第六感可真神奇。他的功課也很好，人又長得俊，根本就是天之驕子。上半年，班上的七仙女就有六個搶著和他做朋友，都說他像極了焦恩俊。

95

品妍不知道焦恩俊是什麼人，她只看旅遊節目和偵探影集，可是品妍覺得他笑起來很帥。他卻笑得極少極少。不像她們女生，講沒有兩句話，就是一大串笑聲。因為他的態度太淡了，到了下半年只有胖娃還在追。

說她胖娃，其實七仙女有兩個胖娃。另一個就是品妍自己。又其實品妍更胖一些。然而品妍手腳靈活，是班上賽跑冠軍。所有男生都輸給她。不像胖娃，跑得真是無法形容的慢，跟走路差不多。還好胖娃的家世和那個焦恩俊可以匹配，穿著也很亮麗。品妍想，千金小姐跑慢一點應該沒關係。在七仙女中只有兩個長得比較出色，又是最胖的那兩個。眼睛眉毛都跟畫上的一般，又大又濃。胖娃的眉毛比較秀氣，細細的一彎。品妍的就比較平緩，也比較厚一些。兩個人的眉毛把其他五仙女給羨慕死了。又黑又整齊，以後都不必畫眉毛了。雖然美得出色，但是，看那個焦恩俊的態度，好像根本不在乎胖娃的殷勤。

到了快期考的時候，有一天，品妍看到胖娃在座位上流眼淚。那是第三節下課，品妍原本有點餓，想找胖娃到福利社去。看到好朋友掉眼淚，品妍一下子氣不過，拉起胖娃向焦恩俊挑戰去。到了焦恩俊桌前，看看他一臉無辜的表情，再看看胖娃淚水未乾的可憐模樣，品妍也不知道該怎麼開口。又不好在那個時候才問胖娃，到底為什麼哭？品妍只好朝著焦恩俊笑一笑，先表示一點善意。誰知道，那個焦恩俊竟然兩耳根通紅，站了起來。然後從桌子旁邊把掛著的書包拿起來，放在桌上，說
"對不起，我只是一直改不了口。妳愛怎麼摸書包，就怎麼摸。"一下子把品妍愣在當場，發現自己居然也是主角之一。眼珠轉了兩圈，想想這樣也好，反而幫得上忙。於是伸手抓了胖娃的另一隻手，四隻手一起在書包上面摸了摸。的確非常柔軟，可是，品妍突然覺得不對。一定是有一個地方完全錯了，而且是很重要的地方錯了。她決定把這個直覺給深深記住，回家好好的，仔細的再想一想。"好好摸啊，對不對，胖娃？"胖娃笑得好燦爛，尤其是滿眼的淚水，晶瑩剔透，好看極了。
"謝謝你啊，焦同學。胖娃，我們走"

焦恩俊呆呆的應了聲"啊，我不姓焦。我叫何書楷。"然後笑了一下，讓胖娃剛跨出的腳又停了下來。品妍只好把她硬拖著走。回到座位胖娃興奮的小聲說，"妍妍，他好帥，對不對？""對對對，當心他有兩個老婆三個情人的桃花運。""妳怎麼知道？""這是我的本能，反正我知道得十分清楚。他現在就有妳以外的心上人，而且，他必定沒告訴妳，對不對？""嗯，可是我好喜歡他，怎麼辦？""我回去問問我的算命老師看看。"那是品妍常用的緩兵之計。而且常常一緩就忘了。要等胖娃再提起，才繼續編謊話或者乾脆說算命老師也不知道。"妳順便問他肯不肯再收一個徒弟，好不好？""好啊。"

回到家品妍就挖開『摸書包懸案』，仔細回想當時的直覺。吃晚飯的時候也沒留意吃了什麼，回到房裡繼續發呆。想不出名堂，不禁自言自語"一定是很重要的消息。摸書包，很舒服啊。會有什麼大事呢？算了，想不出來。"於是品妍把自己的帆布書包從地板一拖再順勢一扔，拉上書桌，碰的一聲砸在桌面。剛要打開書包，品妍卻突然覺得答案就在什麼地方。於是品妍把書包又扔到地板上，再一拖一拉，碰的掉在桌面。啊哈！原來如此。那個名牌的絨布書包哪有帆布書包那麼方便實用？如果要摸著舒服，那還不如去摸妹妹的臉頰，那才真的好摸呢。從那一刻起，品妍決定，以後買東西，一定要只考慮最主要的那個用處，把事情簡化。

第13節。　　初戰狹相

整個下午，品妍只完成了午前展開的折扣案。對方老闆的反應能力不錯，看來工廠也還有擴展的空間；可是陶瓷器的生意很容易出差錯。品妍決定原則上不讓。可是為了繼續往來，給予差價百分之二的加碼。品妍另外安排了兩個候補的廠商，花了一個多小時，確定至少淄博那一家可以及時供貨，那才把決定通知對方老闆。好在對方同意，於是就省了退櫃訂櫃的麻煩和損失。鬆了一口氣，品妍忍不住想到惹禍的李股長。

一個離婚居然可以影響工作這麼久，都兩個多月了。又沒有生小孩，能有多大的麻煩呢？下次再犯錯，品妍可以饒他，副總肯定要他立刻走人。在這個電腦時代，大部分的錯誤都明擺著，證據充分，無法掩飾。品妍在這家公司，已經犯了兩次上萬元的錯誤。一次在台灣，品妍沒有把春節休工考慮進去，結果自己掏腰包付了加班費，還得花時間，一個個去拜託可能加班的工人。

那一次經驗是品妍第一次慶幸自己長得討人喜歡。好幾個原本在電話中叫品妍別浪費時間去找他的，一見到品妍的臉蛋，就禁不住品妍的拜託。就連領班和工廠老闆也幫品妍各找了一個好手。自己的時間和車馬費不算，那張訂單賠了將近兩萬元港幣。麗釧替品妍向香港申請新進人員立功債，被核准了三年緩償。只要三年內無過失，可以由公司吃下損失。可是品妍立刻按公司規定，付了自己該承擔的六成，將近一萬兩千元港幣，就當買了一次教訓。

另一次是打完預防針來不及送冲兒回家，就帶他到辦公室。冲兒快兩歲，話很少，卻正是好動的年齡。拿起品妍桌上一疊浮貼便條，到處貼。

當時品妍仔細的找了一遍，把便條都收集了，湊好一張訂單；卻知道自己少做了一個確認工作。於是打電話找對方核對，對方已經下班了。品妍只記得那個律師，會等到六點才走，偏偏找不到那張浮貼便條。品妍只記得 Johnson 什麼的，同樣在洛杉磯。聽電話順手寫下來的時候，冲兒正在蹺腳去抓桌上的文件盒，她一分心，把他的小手撥開，腦中就漏記了公司名字和電話；只是順手寫下來。接完訂單以後，品妍上了趟廁所回來，就看到滿屋子的便條。沙發，桌邊，茶几，抽屜門，公事包，還有椅子的扶手，有字的，空白的，到處都是。在知道對方下班以後，品妍立刻上網，卻發現網路上，在洛杉磯的律師樓，和 Johnson 有關的就有上百個，而洛杉磯的六點已經只剩下十多分鐘。

品妍只好把冲兒抱出去，交給小汪暫時帶著。把整個辦公室冲兒有可能貼便條的地方仔細找了兩遍。還是找不到消失的那一張。由於來不及確認，洛杉磯沒有標下那批拍賣的原料，改用市場現貨，那張訂單賠了七萬多港幣。好在因禍得福，那家律師樓的老闆很欣賞品妍願賭服輸的乾脆作風，又在影視電話上面見識了麗人風采，刻意結交。給品妍介紹了三四筆大訂單。其中有一筆，只是掛名轉手，辦辦文件就進帳十萬。那個律師還特意飛到香港親睹佳人。握住手，東問西問，久久不肯放下。看在錢的分上，品妍的右手已經徹底下海了。自從那次教訓以後，冲兒就沒有進過品妍的辦公室。頂多讓小汪顧著。

可是，當品妍發現那張便條的時候，卻讓她哭笑不得。原來隔天打開公事包的時候。那個便條就貼在公事包的封面內頁。當她把公事包外面的兩張便條撕下來的時候，冲兒還指著公事包，“啊，啊，，啊啊，，”的直叫。在品妍上網的時候，冲兒還走近公事包，要打開來；她就一把抱在膝上，免得他又把公事包裡頭的文件掏出來。品妍一面找資料，冲兒還不安分，扭著身子要去碰公事包。後來，發現網路幫不上忙，品妍才把冲兒交給小汪，在辦公室裡頭，地毯式搜索。原來，冲兒倒是一直想幫品妍的忙。品妍發現事實真相以後，就提醒自己，絕對不要再有先入為主的判斷，尤其是對於弱勢的人。另外，品妍也發現有人幫忙的重要性。她更加小心，盡量不去製造敵人；力求雙贏。

這次的狹相計劃，品妍希望吉他和姨丈，能找到貴人，也能雙贏。那樣，品妍就不必投資去進行 B 案。品妍打算現在存下來的錢，要給媽媽當作第三次的一樓基金。現在才存了三分之一。坐在巴士上，正打算把三十六頁的電郵再拿出來翻翻，電話響了。

吉他大約看過了【狹相七問】和附錄的【光與熱】。“嗨吉他，你看怎麼樣？”“品妍啊，妳姨丈的邏輯真是一流的。我贊同他的推論。只是英文好像不怎麼樣。”

99

品妍想，那就是有希望囉。這下子應該以退為進，"喂，拜托一下。你好歹也是學理工的，還看不出我姨丈那個爛邏輯？來，你來教教我，簡單的說，邏輯是什麼？" "喂，這一次好像是妳求我，不是我求妳。妳先說說妳的邏輯定義。" 品妍想，只是合作罷了，哪有誰求誰？根本邏輯不清楚。"那就我來開個頭吧。我看完序言就挖到一個課題，想讓你藉著這個課題在物理界博個名聲，那就可以不必去搶系主任那個雞肋而順利結婚。照你的邏輯，序言裡頭是不是有一個好課題呢？" "又來了。怎麼每一次都是我搬磚砸腳？妳這還是在考我的邏輯認知。序言不是挺正常的嗎？我認為妳姨丈交代得不錯啊。難道妳是說，函數的值域有寶可挖？" "不錯啊，差一點就讓你給猜對了。再用你的邏輯試試看。" 這個編科幻小說的小子是有一些想像力，可惜猜錯了。哪有那麼麻煩。

吉他居然想了好久又不掛電話，品妍只好追問 "怎麼啦？等我回家再給你一些提示好了。" 吉他才說 "等等，妳說可以博得名聲的課題？可是序言只有兩頁，真藏得住一塊寶玉？" "這就看你的邏輯威力有多強了。既然只有一塊寶，又和函數有關，不是很容易就可以把答案給篩選出來了？" "妳這是在逼我下快棋，再給一個提示。" "這樣好了，你先告訴我。你剛才又讀了一次序言，一共抓了幾個重點？" "兩個重點，一個疑問。第一個是，很難找到宇宙的絕對空間，所以，有些情況狹相無法決定哪一個系統動得比較快。第二個是，狹相公式在數學函數上無法自圓其說。我剛剛檢查了一次前函數的值域是否在後函數的定義域裡頭。在這個規則上，妳姨丈的推理沒有問題。可是我想不通你姨丈為何放著大問題不管，反而去追究七個小問題？" "是啊，那個呆姨丈。我就是想請你把那三十六頁裡頭的公式都用函數的概念檢查一次。寫一個單項的狹相重病論，而不是七個小病。可是，你剛剛的分析，有一個小毛病。我姨丈雖然用了 gamma 這個函數，但是他論證所用的工具不是函數，而是代數。你再看一次，看是不是這樣？"

品妍知道能夠愛函數愛到她這種痴迷程度的人不多，所以給吉他一個機會。"啊，是的。我被你姨丈的符號誤導了。就函數這個邏輯工具來說，你姨丈所舉的例子並沒有邏輯上的矛盾。因為函數並不須要滿足數學的等號代換規則。

但是，就代數這個數學工具來說，函數 gamma 也是一個代數符號，必須滿足等號代換規則。而你姨丈的確是用代數來指責狹相公式的數學錯誤。多謝你了，品妍。""怎麼樣？有興趣嗎？""嗯，好像是一個機會。至少洛侖茲轉換一定躲不掉。我就好好想一下如何把資料編輯起來。妳認為一個重點夠嗎？"品妍當然也希望介紹那一個可以取代狹相的理論。"當然不夠。那只是函數的部分。另外還有邏輯的部分。我姨丈沒有特別挖出來，可是我認為對一般大眾而言，非常重要。那就是，愛因斯坦的相對論，其實是絕對論。愛因斯坦在『廣相』裡頭主張，每一個空間的點，在每一個時刻，都只有一個絕對的重力強度和方向；而時間的速度就因為重力的強度而變。所以廣相當然是絕對的。至於狹相為何是絕對的，這很容易從邏輯上由函數或代數推論出來。你看著辦。先用函數這個邏輯的概念把狹相徹底變成廢物，再提出取代狹相的東西。有把握就一次完成；否則就分兩次做。""好，我看著辦。對了，妳母親的肝癌情況如何？"

情況如何？品妍在心中重覆了一次，好像一下子回到了台灣的醫院，"說是等肺水腫控制住了，再研究肝臟的治愈機會，很可能需要移植肝臟。"品妍望著車窗上的雨滴，思緒慢慢移到遠處，說話也像路旁的商店招牌，越看得遠一些，越小，越遠，看得到的招牌越少，招牌之間的距離就越大。說到"肝臟"好像肝字出口，卻根本說不完那個臟字。那一頭，吉他也停了半分多鐘，"妳要保重自己，才能照顧妳媽媽。我明天再向妳報告進度。拜了。"收了手機，品妍的淚水還是流了出來。品妍不懂，那麼善良的媽媽，為什麼要受這麼嚴酷的折磨？

第四段： 品妍的情

品妍已經知道所有的媽媽都很能夠忍受痛苦。生小孩對大多數的媽媽來說，都是一件苦差事。車外，雨還是稀稀疏疏的下著。

第14節。　　　五鞭事件

品妍聽說癌症的痛有很多種。尤其是乳癌，只要感情激動，那個由內臟引發的痛就立刻全面爆發。比生小孩的痛還劇烈，痛得整個內腔大地震，感覺不出痛點或痛區在何處。所以乳癌患者不能動情。

但是，哪個母親辦得到啊？品妍看到這個消息的時候，第一直接反應是，這未免太殘忍了。除非瘋了，沒有一個母親會忘記任何一個孩子的，就算是夭折的，偶而都要想一下。母親對孩子的情，難道不是越滾越大，越壓越濃的？品妍還想到，老天爺也許是貼錯了標籤；換成攝護腺癌患者不能動情，那就頂多廟裡添幾個和尚，沒有實際困難，不是很恰當？品妍希望有一天，老天爺會發現自己的錯誤，更正標籤；好讓患乳癌的母親們可以盡情的想念孩子。

因為是肝癌，媽媽痛的時候比較少。然而，有了骨癌的初兆，所以有時背部會痛；偶而，很痛。在台灣，品妍只看過一次。媽媽閉著眼睛，手抓床單，滿臉痛苦的在病床上挨了三分鐘。品妍當場看得淚水完全失控，差點哭出聲來。品妍往往管不住自己的淚水。還沒到台灣就在飛機上警告自己，絕不能哭。結果，還是媽媽拉過品妍的手，輕輕拍撫，品妍才止住了淚。

品妍很想替媽媽擋掉一些疼痛，品妍不怕痛。有一次爬七星山，那個人看到品妍半個右膝蓋，一片血肉模糊；拿著一罐飲用水，不知道如何動手去清理。品妍卻像在撥弄別人的傷口，斜置膝蓋，搶過清水，掏出手帕，邊倒水，邊把沙石撥掉。

等到傷口比較乾淨了，那個人才接手處理善後。

品妍知道自己從小就打不哭。剛上四年級的時候，有一次新導師被惹出怒火，把品妍的手掌抓住，在下手臂的嫩側猛打五下。品妍眼睛不眨一下的看著自己的手臂，先出現一條腫起的紅色鞭痕，第二條斜交的，在交會處出現不規則的深紅斑紋。第三條打偏了，又是一條浮起的紅印。品妍已經痛辣得快忍不住淚，她咬了一下下唇，抵消了一些疼痛的壓力。第四鞭就在深紅斑紋打出血跡，第五鞭打下去，還有一滴血濺上了品妍的眼睛。品妍眨了一下眼睛，沒讓眼淚掉出來。那個都忘了叫什麼名字的導師，那時才回過神智，第六鞭藤條舉在半空中停住了。是的，就是那麼狠命打才打破皮。那個導師發現全班都嚇傻了，馬上拉了品妍到保健室去上藥。後來那個導師就沒來上課，也不知道還在不在學校。那個五鞭事件讓品妍想了好幾天；隱隱約約有個重要的信息，卻始終沒能挖出來。

當天天氣很熱，所以導師在下午就把長褲換成短裙。上課鈴響了，可是全班為了運動會的事還在分堆討論。簡直像個菜市場。導師當然受不了。她站在講桌旁邊，把藤條向講桌側面碰碰直敲"都回到自己的坐位。數到三，沒回座位的就打三下。一，二，，"導師一面數，一面轉身，一隻腳跨上講台，卻有個小男生撞上她支撐在地上的腳。結果，兩個人一起摔到講台上。那個小男生的頭卻正好套進導師攤開的兩腿和短裙之間。小男生的眼睛被裙緣緊緊勒住，一雙小手小腳沒處使力，只能像田雞一般游動。那場景讓全班小朋友，想忍住笑，卻又忍不住的轟然大笑起來。一大一小兩個人掙扎半天才分了開來。那老師站起來後，顧不得疼痛，撿起藤條，還沒有拍打講桌，全班小朋友已經立刻噤若寒蟬。那個小男生更嚇得臉色發白。

品妍就坐在老師前面第二排，當然看得十分清楚，那是怎麼一回事。那個吳正雄不是故意的。但是楚義也只是開玩笑的拉著吳正雄的皮帶，不讓他回座位。吳正雄用力向前，還是擺不脫，就轉身要打楚義的手。

103

可是楚義的手一鬆，吳正雄原來向前的力量還沒消去，當時就變成向後倒去的力量。吳正雄退了兩步，努力想要站住腳，卻控制不住的向導師倒了下去。他個子小，頭也小，所以才卡了進去。「把手伸出來。」吳正雄伸出右手。「兩隻手。」吳正雄把兩隻手擺好，人卻已經快要哭了。導師把藤鞭揚起來，打下去，卻打了個空。吳正雄哭了出來「老師，是楚義拉我的皮帶，不是我的錯。」「你把老師撞倒了就有錯。先接受處罰，再追究原因。」品妍的邏輯自小十分清楚。當場就清脆的說「老師不對。要先追究原因，再接受處罰。」

按照常理，正在氣頭上的導師怎麼受得了「老師不對」這四個字？「郭品妍，妳站起來。妳說說看，吳正雄把老師撞倒了，難道不應該接受處罰？」品妍站了起來，說「我看得很清楚。應該處罰的是楚義。吳正雄不是故意要撞倒老師。他是被楚義害的。老師應該處罰楚義。」楚義也不是好惹的，馬上答辯「老師，是吳正雄先推我一下，我才拉他的皮帶的。」品妍好像是包公審案，接著說「我聽到楚義先叫吳正雄的外號，無尾熊。而且，楚義是在老師說，回到自己座位，以後才去拉無尾熊的尾巴，楚義沒有聽老師的話。」聽品妍說出『尾巴』，全班同學先是吱吱偷笑，不知那一個哈的笑出來，然後就是整片的哈哈笑聲。老師好像是氣上加氣，用藤條在講桌上大力碰碰敲兩下，大約想要先把品妍這個搗蛋鬼搞定，說「郭品妍同學叫吳正雄同學的外號。站出來，接受處罰。」班上漸漸安靜下來，看品妍怎麼做。品研當然不甘願。「那楚義也要處罰。」導師說「老師沒有聽到楚義同學叫別人的外號，妳先站出來。」

這下子，品妍也有一點冒火，立刻說「老師沒有聽到，那麼老師可以問啊。杜麗娥，妳就在旁邊，楚義大聲叫了兩次無尾熊，還對吳正雄吐舌頭，對不對？還有錢以施，你有沒有聽到？」錢以施一向以品妍馬首是瞻，馬上大聲說「有，我有聽到。兩次。」杜麗娥也說「對，楚義的口水還噴到我的臉上，好噁心喔。」品妍現在知道，當時自己是有點得意忘形了，居然說「看吧，我有證人。不處罰楚義就是老師不公平。」

104

導師大約被品妍的老師不對和老師不公平真的惹火了。"什麼老師不對,老師不公平,郭品妍妳對師長不敬,必須向老師說對不起;要不然,明天就請妳的家長來學校和老師談話。"品妍那時眼珠一轉,覺得這不是問題,就回答說"談話就談話,我回去和我阿爸說。叫他明天來談話。"說完就坐下去,像個沒事的人一樣。那個導師想是受不了這一串的折騰笑轟,說"話要談,對不起也要說。郭品妍,站起來,說對不起老師。""老師說話不算話,老師騙人。"品妍坐在椅子上,不肯站起來。"再不道歉就加倍處罰。"品妍瞪著老師,不肯屈服。

品妍現在回想,導師被小男生鑽進裙下的羞辱感應該還沒消退,而自己當時一連串的老師不對,老師不公平,老師騙人都算是火上澆油;所以那個導師才會生那麼大的氣,還趕前兩三步,抓住自己的手,一鞭一鞭狠命的打。然而,自己小時候生活環境那麼單純,怎麼可能考慮那麼多?品妍想,這是不是一個無法預知的事緣呢?而且,也是一個無法避免的事緣,因為知識不足,來不及做出恰當的決定,是這樣吧?

第15節。　　　下車事件

吉他後來聽品妍媽媽說了五鞭事件,好像找到知音一般"品妍,我聽伯母說妳挨了五鞭的事。妳看,這小腿肚上的疤。我小學六年級有一次自己到我姑婆家的後山,跌下五六公尺高的坡,被一段枯木插進小腿。拔出來時,有一小塊斷在裡面。我那時正好有一把瑞士萬用刀,又迷信異物若不馬上挖出來,會截肢;所以就自己用刀子挖開傷口,把木塊挑出來。妳媽媽說妳摔倒從來不哭,我也一樣。看吧,我們是一國的。陪我下一盤圍棋好不好?"那時品妍看了一眼那個有四公分長的疤,"不行,那個也算約會。""下棋和現在這樣說話有什麼不同?怎麼算是約會?""你是不是想把說話也算是約會啊?""喔,我收回剛剛的疑問。是我笨。下圍棋當然是約會。不約怎麼會在一起下圍棋呢?虧我是讀電機的,邏輯這麼差。"

105

可是當時品妍卻覺得好像找到了那個五鞭事件的訊息。想了一會兒，卻被吉他打岔了，沒挖下去。

今天又想起來，可是今天已經想過太多往事，實在想得太累了。假如只是事緣，那就更加沒辦法進一步深思。巴士終於到站。出巴士時，品妍前面一個老頭子一步一停的慢慢下車。在跨出巴士時，雙手握緊了車門的扶手，還是不能讓右腳著地。只好改用左腳。勉強踏到地上，右腳卻有些卡住了。品妍蹲跪下去，公事包放一邊，右手扶著地板，探下身去。左手幫他把右腳的膝蓋由腿窩抬起來，慢慢往外送。那老頭子一直向她點頭道謝。這班巴士沒有殘障裝置，停車空間又小，司機無法完全靠站；於是今天就有了一個下車事件。

品妍一上車就感覺到一個中年紳士一直看著她。她才蹲跪下去，那個紳士好像要阻止她，卻沒來得及表示。品妍很欣慰，自己的的動作流暢自然，乾淨利落。在巴士門口窄小的空間，優雅的完成超大幅度的扭身。一下一上，感覺就像做了一段特技表演。品妍打算明年等梅兒也上託兒所，就去託兒所隔壁的瑜伽教室學瑜伽。品妍對拉鬆筋骨很感興趣。她的柔道老師是日本人。嫁到台灣，閒著沒事就開班授徒。品妍先在老師那裡學了一年才加入學校的柔道隊。後來品妍真正迷上柔道，兩邊都跑得不亦樂乎。進柔道隊半年後，品妍的柔道老師離婚了，要回日本。她送品妍一個茶道的木雕擺飾；說品妍是她最驕傲的成就。品妍睜大著眼，“我每次都差一點拿到冠軍啊，這麼笨，有什麼成就？”那個山本女仕把抱著品妍背後的雙手移到品妍的腰部，雙手一掐，差一點就匡住品妍的腰。老師的手指很長，彈得一手好鋼琴。“妳的腰證明了我的扭腰運動操有效果。我回到日本就有信心，不怕沒工作。”啊，是啊。品妍當然也注意到了。上國中的時候雖然不像小學那麼胖，卻是如假包換的水桶身材，沒有半點兒腰。小學畢業的那個暑假，品妍到附近新開的山本柔道班學柔道。山本女仕一提到扭腰運動對柔道十分重要而且可以瘦腰，品妍馬上打定主意，一天兩次，睡前和起床後各做十五分鐘以上。

原本右手要碰左邊腿側都很辛苦，後來可以碰到了。再後來可以碰到屁股，最後竟然可以碰到屁股溝。品妍自己都覺得很好玩。品妍在國三暑假，扭腰加上轉頭可以正視後方。後來上了高中，那個人和吉他占用不少時間，品妍的扭腰運動就由國三的半小時高峰陡降，變成不到十分鐘。

然後在高二，開始和吉他寫書畫，下圍棋，扭腰的動作就剩下一兩分鐘。到了高三，已經改在床上伸伸懶腰了事。

那個紳士還是快步趕上品妍。"妳好，可有榮幸陪妳走一段路？"一口潔白的牙齒在細雨中仍然白得醒目，笑得頗有風采。這種經驗品妍已經不知道是否超過一千次；八九百次肯定是有的。在台灣上儀就替品妍計算過。由國中到高中畢業，一共三百七十四次。上儀和品妍國中同班高中同校，是品妍的死黨。嫁到加拿大以後，偶而就來一通電話訴苦，完全沒有中學時代的樂天胸襟。品妍知道，那是上儀的富二代丈夫和富三代獨生子把她變了個人。品妍對於搭訕從來不預備應對的策略，上儀就有一系列的辦法備用。上儀給自己統計的六年中，男生搭訕記錄是五百二十九次。上儀比品妍有富貴氣，加上豐滿的胸部，每次兩個小女生去逛街都要引起小男生的注目，不時可以聽到色狼口哨。因為兩個小女生都是柔道隊的主將之一，而且她們晚上都準時回家，所以中學六年雖然受過不少騷擾，了不起只是有驚無險。

最嚇人的一次是在中華商場的二樓。她們剛和吉他分手；那是高二下學期剛開學，品妍想湊合吉他和上儀。吉他一看到還有另一個女生，禮貌性的互相自我介紹，就說和朋友有急事相商，特地趕來當面說明一下，以後有機會再詳談。接著立刻走人。把品妍氣得直向上儀道歉，要請上儀吃一碗牛肉麵。誰知道，禍不單行，卻在二樓碰上兩個無賴。有一個還敲破一只玻璃瓶當作武器。品妍褲子被劃破了一公分多的小口，差一點破皮，才用手刀切中對方握瓶子的手，把瓶子震掉。去了威脅，品妍就邊打邊喊，"流氓打人啊，流氓打人啊。"

107

其他路人喊著趕過來解危，那兩個無賴就趕快逃了。上儀手臂還被打了一個淤青。事後上儀給兩個人各加一次搭訕記錄，她說畢竟在公共場所，打破瓶子行凶要冒很大的風險。那兩個無賴一定是被美色迷惑了，才肯擔上被圍毆甚至被逮捕的風險，硬要兩個美人乖乖就範。所以當然應該算是搭訕的一種。

第16節。　　　鵝肝事件

這個紳士的搭訕，品妍喜歡。她疲憊的笑了笑，"嗨。"紳士兩眼立刻笑起來，"可以請妳喝杯咖啡，解解疲勞嗎？"品妍搖搖頭。"吃個簡單的晚餐？這兒有家法國餐廳的鵝肝很嫩。VIP 不必等，五分鐘內就可以享受。能否賞光？"品妍想想，那個人下午剛好可以由公司脫身，就載了全家去九龍給大伯父賀壽，要十點多才回家。品妍原想洗個澡，隨便弄個晚餐吃了，早點睡。現在有鵝肝可以吃，不必自己動手，好像有點意思。"不必留下名字，不用給你電話號碼？"品妍斜瞄了他一眼。那紳士誇張的，雙腳啪一聲併直了，微躬上身，右手一請，"那當然。多謝賞光。就是這一家。"哦？原來住家附近，有專賣鵝肝菜餚的法國店。看起來還蠻專業的，占了兩個店面。右邊是入口，左邊是廣告，橢圓形的店徽，中央一碟主菜的圖案。開門進去，一個侍者迎了上來，說"老闆好。"品妍就想，難怪不必留下名字，實際上要我忘掉這鵝肝事件只怕辦不到了。

品妍朝他看了一眼，意思是：多謝了，老闆。"兩個二號套餐，送雅韻。"感受到品妍眼中的鼓勵吧，看起來，那個紳士的興緻一下子全上來了。"小姐請這邊搭電梯。"說完又是兩個腳跟輕輕一拍，手臂一擺，精神十足。"這是家族企業。由祖父那一代傳下來的。十年前父親去逝，我分到兩個店，另一個在廣州。老店在上海，全歸我弟弟管，他做房地產賺了不少，又開了兩個分店，一共五個，都在上海。我妹妹最能幹，北京的店，由一個變成四個，又在加拿大開了三個店，兩個在溫哥華，一個在多倫多。只有我不長進，還是兩個店，而且未婚又沒有子女可以接手。"

品妍想，未婚又沒有子女，那是在告訴我，他是單身貴族咯，"看來你的成績也不錯啊。這個電梯的型號是近五年的產品，這家老店在你手裡已經至少成長了一倍。"他得意的笑出聲來。電梯門關了，品妍突然想到，走向電梯的走道比櫃台的地面低了一寸左右，如果是兩倍，可以不必擴充櫃台面積，應該是原來的櫃台不夠用了，"還可能是五倍呢，是不是五倍啊？"電梯門開了，他的笑聲也突然中斷，滿臉疑惑。"咦，妳怎麼知道？"品妍看了他一眼，贊許的笑了笑。

走出電梯，面對的是一大片落地窗，頭頂則是一長條接往窗戶的透明弧形玻璃頂。不下雨的話，也許可以看到星星吧。玻璃弧形頂的下緣是兩列人工燭光。像極了火焰正吃著油脂，快樂的跳動著。很有創意。落地窗的兩旁各有一個廂房，廂房前面就是一個回字形的大餐廳，圍著中央的兩個電梯。品妍發現，牆上掛的居然是中國字畫。不由自主的就向右牆走近瞧瞧。都是小品，是香港書法名人的作品；雖然比不上古人的功力，卻都是相當成熟的好字，十分賞心悅目。

遇到靠牆的桌子有客人，品妍就客氣的笑笑，用手比比字畫，再用眼睛問問可不可以，而他們都不介意。在電梯後面是一個可以擺上十五張大圓桌的寬大空間。原來店面這麼深。後牆的中央是送菜的電梯，旁邊是逃生門。紳士老闆就靜靜的陪在品妍後面跟著走。在左邊一張空桌前面品妍站了三分鐘以上。

那是一幅佛禪二字。右上角比禪字稍小的佛字好似凝聚了全香港，清晨的所有新鮮空氣，正在一點一滴的釋放出來。寫得真是活力十足。再繼續前進，看了兩幅字就到了左邊的廂房。門匾是圓筆隸書，端端正正的雅韻二字。有位女侍站在門旁微笑點頭。走進廂房，面對的也是落地窗。可以看到隔一條街那個公園的亭頂和花樹頂。品妍好久沒有這麼悠閒過。短短二十多分鐘，好像又回到高中時代。尤其是那一幅佛禪，讓品妍好似他鄉遇故知一般，那個佛字的清氣，源源不絕的撲面而來。好久沒見那種活生生的字了。

品妍自己絕對沒寫過那麼好的字，深度不足吧。「我也很喜歡那幅佛禪，尤其是那個佛字。」那個紳士邊說邊拉開椅子，讓品妍坐下。品妍燦然一笑，「是非常難得的好字，真是多謝你了。啊，好精緻的筷子。」品妍的廣東話已經說得十分道地，但是她喜歡用普通話。一餐下來，談笑風生，賓主皆歡。那個紳士送品妍一張五千元的禮券要品妍帶朋友親戚來吃鵝肝。品妍特別嫵媚的睞著眼，笑著緩緩搖頭。把禮券推回去，「這樣就十分完美了，多謝。」

站起來，掛上公事包，出了廂房，慢慢走向電梯。他跟上來替她按開電梯。「二樓有一個大魚缸，妳對魚兒有興趣嗎？」品妍只喜歡看活在自然環境的動物，不養寵物。為了答謝這麼有誠意的主人，品妍走入電梯就由一個精練的經理搖身一變。雙手把公事包藏在身後，睜大雙眼，用小女生的聲音說，「我高中的時候最喜歡看魚了。還參加過潛水訓練，看過熱帶魚。可是，在水裡頭，人的動作太慢，根本碰都碰不到魚。只能摸摸海星，海膽。有一次我還看見一群海馬，是一隻媽媽，也許是爸爸，和大大小小一群透明的小小海馬。後來我找那個興奮的教練去看，就找不到了。那個教練還說我應該買海底錄像機，那是很難得一見的，他才看過兩次。可是，自從他買了錄像機以後，三年來，還沒看過海馬。」然後，品妍鼻子一皺，誇張的說「不，我不喜歡看魚缸裡頭的魚。」嘴巴一垮下來，語帶嗚咽的說「他們永遠游不出去。我看了會難過。」

接著又換了一個邪惡的表情，怪異的腔調，說「可是，我喜歡吃魚。大魚，我喜歡鯊魚，小魚，我喜歡小魚乾。我還吃烏魚的卵。我是魚類的殺生魔王。哈哈哈哈。」果然逗得那個紳士一直笑。出了電梯，品妍又回復了原形。在左肩掛上公事包，主動伸出右手和紳士握了兩下，輕聲說「不要送了，有緣自會相見。」沒再道謝，走了出去。街上雨下大了，路人大多撐著傘。品妍用公事包頂在頭上，慢慢走回家。

第17節。　　聽梅

110

邊走就邊想著冲兒在這條路上的搞怪。"好在聽梅一定非常淑女。"品妍突然笑起來，自言自語。"感謝上帝，我可受不了兩個冲兒。"偏偏公公婆婆越是被折磨，越是到處誇耀孫子的活潑聰明。有一次，才三歲半，公公帶冲兒到公園玩。在買小麵團人兒的時候，公公要兩隻手才能掏錢，而那個小販得從後面口袋拿整疊對折的小鈔來化開，所以等了一會。公公放回錢包，拿了小關公，再伸手去拉冲兒，卻拉不到人。四周看了一圈，哪兒還有冲兒的身影。公公急得問幾個遊人，都說沒看到。不多遠就是杜鵑花叢，公公趕緊鑽到杜鵑花叢，繞來繞去的找得滿頭大汗，越繞越心急。正想打電話報警，就看到冲兒的屁股朝外，跪在一株杜鵑花前面。公公總算鬆了一口氣。後來，公公不知道重覆多少次的螞蟻搬家事件。

冲兒一發現公公站在身旁，興奮的抓住公公的褲角，"公公，公公，快看。他們在搬什麼啊？這麼多，搬都搬不完。我數了兩百五十三個已經，他們還在搬。他們怎麼不用小卡車呢？用小貨櫃車更快。他們一定是沒有錢買車。對不對？公公，他們在搬什麼啊？是不是棉被？好好玩。剛剛有一個大力士，一次可以拿兩個，好厲害。你來一點點早，你就可以看到了。"冲兒一直到兩歲半，說話還是吞吞吐吐的，邊說邊想，像一個老博士。有時講一句話，還得換一兩次用字。常常自言自語，兩隻小手比來比去的。快滿三歲時，卻突然間，口若懸河，什麼話都是衝口而出，而且往往是一大串，嘰哩哇啦的。然而，常常聽完一會兒，才能組合出來他話中的意思。那段時間，品妍有點擔心。下班以後就圍繞在冲兒附近，邊做點兒家事，邊逗冲兒開口亂說，然後用正確的順序重覆一次，再加個問號，"是不是大野狼吹草屋，把草屋吹倒了啊？"冲兒就用手指一點圖畫本，"對，那隻壞野狼吹草屋，吹倒了。把草屋，把草屋。媽媽，小豬草屋沒有了，妳蓋一個給小豬草屋好嗎？"

品妍和那個人，每週總要分別請一兩個半天，把冲兒帶到公園去讀圖畫本。冲兒在公園，話比較多。尤其是車子，又是變形軍艦又是變形太空船的。

111

那個人說"只有讓冲兒多說話，才能重建他的詞彙功能。"公公婆婆也是重建團隊的主力。全家總動員，忙了四個多月，漸漸的他終於弄清楚大多數詞彙的順序，不再是把相關的字吐完，就算了事。品妍那才鬆了一口氣，開始送冲兒上託兒所，去和其他小朋友社交。沒兩個月，就多了一個螞蟻搬家事件，差點沒把公公急出心臟病。

可是，聽梅卻一點兒麻煩也沒有。滿一歲就能斯斯文文的說一些短詞，中規中矩的。後來說短句也沒把字序混淆過。最近還開始糾正哥哥偶而一次的文法問題；十分好管閒事。"媽媽，哥哥說蜘蛛人給蒙面盜打了兩拳。我說蜘蛛人打了蒙面盜兩拳才對。他不相信。妳快來幫我一下。"昨天換了家居長裙正在洗菜，聽梅就來拉她的裙子。聽梅似乎有語言上的潔癖，最愛抓公公婆婆的語病，把公公婆婆樂得直說我們家出了一個天才作家。現在品妍只能祈求上蒼早點讓聽梅找到其他生活重心，不然又要挑戰老師，最後遭殃的還是品妍。就像品妍的爸爸媽媽常常被老師叫到學校一樣。可是才兩歲的小孩，能有什麼生活重心呢？自己不也是迷迷糊糊的過了？唉，來就來吧。"聽梅，妳想想啊，妳聽了哥哥的話以後，知不知道哥哥想說什麼？"品妍一邊切菜一邊說。"嗯，他想說蜘蛛人打了蒙面盜兩拳。可是他說蜘蛛人給蒙面盜打了兩拳啊，好像是蜘蛛人被打了。媽媽，妳把我說得不知道了。"梅兒皺著眉頭，一下子煩惱得快哭了。品妍把刀子放進水槽，蹲下來，緊緊抱住聽梅。把臉頰和她慢慢廝磨著，"聽梅，妳是對的。妳考一百分。可是啊，妳再想想啊，說話的目的是不是讓別人知道自己的意思？"梅兒好像放心了，停了一會兒，推開品妍，高興的說"我想好了，媽媽的意思是，哥哥沒有說好，可是哥哥也說完了。"品妍當時就想，這女孩像那個人，可以把字編來玩去的。吉他的科幻小說，許多逗趣的對白都是從那個人那裡偷到的。不像那個人，電腦遊戲的對白都是配合情節，自己挖心思，架構起來的。那個人說，最難安排的就是丑角的對白，所以，他也是能省則省。可是，在生活中，他總是花盡心思，逗品妍開心。吉他就搜集了不少那個人的趣味對白。

112

第五段：品妍的黑道朋友

其實，幽默的對白是離不開現場的。

有很多時候，那個幽默只是一個表情或一個動作。幽默有一半是因為天生看得開，後天看開了，或者個性比較逗趣；另外一半則是因為剛好有一個情境，激發了那個幽默的慧根，覺悟，或者是個性。幽默是很寶貴的。品妍越來越感激那個人，他一直非常努力的討她開心。

第18節。　　斷指事件

在社區住宅的入口，品妍舉手和警衛打了招呼。"郭小姐，今天沒開車啊？用這把傘吧。"柳先生熱心的把傘按開，慢跑著給品妍送來。"謝謝。"這是相當大的社區，一百二十六戶小院住宅。平時有兩個警衛，一個守著門口，一個巡視安全。保全公司另外有值班的緊急支援人手可以協助應付災變。有一次火災，就是保全公司趕在消防車之前，救出一個行動不便的婦人。電視報導說，前後厚實的木門完全撞不開，而火勢卻已經燒了起來，濃煙四竄。保全人員當機立斷，破窗而入。品妍事後去看過火災現場，以廚房為中心，燒去了一半以上。由於小院子恰好在廚房外面，所以鄰居只是外牆燻黑了，洗洗刷刷就沒事。

這五年多，也有不少其他事故，動員了保全公司的值班緊急支援人手。但是，最讓警衛們聊起的事件卻在支援人手還沒趕到就已經結束。在那個事件，有一個警衛還因為品妍，差一點保不住手指。那是三年多以前的事了，那時候，品妍剛知道有了第二胎，卻給胎兒來了一次大地震。品妍不知道聽梅這個小女孩，記不記得那個胎教。那一回，品妍可是費盡心力，耗盡體力，才得以全身而退。她也沒想到局勢那麼險惡。打一開始，對方就來狠的。

那天品妍搭公車。由於抽點倉庫穿了牛仔褲，套頭衫，外套和布鞋。若是按照平時的西裝褲穿著，肯定要更多受點罪。快到警衛室的時候，一輛黑色轎車急衝過來，停在品妍左邊大約三公尺遠。車內出來一個青年和一個中年人，在品妍左方前後，慢慢走近。那個警衛立刻跑向品妍，"喂，你們幹什麼？"邊說邊通知另一個警衛來支援。品妍前面的青年迎上去，劈手就奪下了警衛的對講機，往旁邊一丟，左手順勢把警衛的右手反拿，右手取出小軍刀，扣住警衛的脖子。是個練家子。那個中年人已經走近品妍身邊，"我們老大請妳過去一趟。"說著跨一大步，衝上來，要抓品妍的手臂。品妍自從和吉他的跆拳打過半年多的隔空散手，又拿那個人試了不下六十次，對於擒拿的要領和應用時機已經頗有心得。

這隔空散手是品妍的點子。品妍開始和吉他下圍棋才一個月，有一天，吉他忽然說"品妍啊，妳學柔道，我學跆拳，我們可以打打散手，增加實戰經驗。對不對？"品妍覺得這個主意不錯。可是她又不想和吉他有身體接觸，於是，眼睛一轉就轉出了隔空散手的點子。在兩個人之間畫出距離二米的平行線，兩個人就隔著二米的空間對打。這個比貼身對打更困難。非常需要想像力。但是半年下來，兩個人都發現，這種訓練大有好處。那就是，以腰部為樞紐的轉力和手掌的抓拿力都有明顯的長進。因為沒有實體可以推拿，所以乾脆出盡最大的力量去推去抓。出了大半年的力，卻結結實實的把肌肉增加了一層。那是高二開學不久開始的計劃，一直打到隔年的春末。後來品妍高中畢業，送那個人和吉他到機場，一個飛東京，一個飛紐約。品妍和吉他兩個人，還在桃園機場比劃了十多分鐘，吸引了一小批遊客圍觀。又拍手叫好，又拍照的，十分熱鬧。那天吉他大約是看品妍和那個人摟抱告別，想要破例握個手。"品妍，這一次離開，不知道什麼時候再相見。握個手吧？"品妍就說，"我們有一百公分之約，如何握手啊？來，隔空握手。"說著，擺個握手的樣子，而品妍自己已經忍不住笑了起來。吉他後來告訴品妍，當時他看呆了。

說是品妍那個笑的表情，讓吉他覺得又像在說，活該，又像是對不起；又像在說，真是傻瓜，又像是說，被我逮到了吧；那是一個吉他從來沒看過的表情。吉他誇張的說，他在紐約老是想起那一幕，都想了一百次以上。這一段是作者的補充說明。在斷指事件現場，品妍當然沒空回想這些瑣事。

順著中年人的前衝力道，品妍一撥拿，再一退步，就把中年人順勢拉推，跌向警衛，差點一頭撞上。青年說「真還有兩下子。妳信不信，這個人的命就捏在妳手裡？」說著，警衛的脖子上已經出現了一條血痕。中年人好整以暇的慢步走向車子，打開了後車門，說「小姐，請。」品妍估計在監視器下，那個青年不會殺人，又聽到另一個警衛的跑步聲，於是拿出手機，正打算報警，卻聽到警衛慘叫一聲，右手被那個青年扭曲高舉，好像少了一截手指。把剛剛趕來的警衛給嚇得愣住了。品妍也是突然心頭一緊，為了那個斷指的警衛十分哀痛。一方面腦袋裡頭埋怨自己壞事，另一方面心中卻非常明白，必須立刻採取行動。品妍知道，事情已經無法善了。於是對著趕來的警衛說「老柳，趕快找到砍掉的手指，送醫院。」一面收了手機，走向汽車後座，坐了進去。品妍知道這個斷指事件只能面對面解決了。看車子的檔次，有可能雙贏而小輸一個手指。

第19節。　　　小嚴

「請問你們老大貴姓大名？」品妍朝著身邊的中年人問。「我們老大要自己告訴妳。」這消息倒有點內容。「夠品味。請問他手下有多少人手啊？」「這個就怕妳不知道。堂內有九十八人，堂外有二百多人。」品妍確定了機會不小。想先知道這兩個人和司機的用處。「如果，我聽不到你們老大的名字，你們三個人有幾條路可以走呢？」中年人馬上變了臉色，「妳想幹什麼？」說著要抓品妍的雙手。那個司機倒像是帶頭的，開口說「老貴，先別動。這位小姐，妳是逃不出這個車子的。想自殺也請便，我們老大的命令是死要見屍。」嗯，居然這麼狠。

品妍必須積極建立一些關係，"前面的小兄弟，如果我要你的一隻手掌去賠警衛的一根手指，你的老大會不會答應呢？"青年慢慢回過頭，斜看著品妍，"妳為什麼不見到我們老大再說？真想死在半路上？"

品妍想，她得說明白些才行。"我是看你練成這等身手不容易，提醒你一下。你不想想，我也可以誇你當機立斷，是一個得力的助手。這種好機會你碰過幾次？難道不是？"那個青年轉回頭去。換成中年人說話"我說剛頭兒，這妞兒有點麻煩，要不要停車，先搞清楚她？"邊說邊轉動著被他自己的衝力，扭傷的右手腕。品妍自然找頭兒說話，"我明天還得上班，別停車了。剛頭兒先生，我還有小孩，你們怕啥事？再說待會兒見你們老大，我能指望誰來幫幫我？還不是你們三位？"剛頭兒同意了"妳知道就好。""那就得麻煩您指點一下。您的老大都忌諱些啥，還有，最喜歡啥，我好妥善巴結。讓您這一次的任務，可以圓滿達成。您說好不好呢？""老貴，你撿一些重要的說說。""是。我們老大的規矩不是他自己訂的。是三個頭兒打經驗中琢磨出來的。大夥兒就這麼交代屬下。第一，有任務的時候，誓死完成。第二，老大寫毛筆字的時候，不准打擾。第三，老大喝酒的時候，不說壞事。那老大喜歡的東西呢，第一，是錢。第二，是槍和刀。第三，就是我們今天的任務了。老大喜歡漂亮的妞兒。"品妍想，喜歡錢就好辦事。"我會想辦法讓你們的老大高興。既然你們老大喜歡錢，他必定是賞罰分明的人。要拿賞錢，我們得準備一下。"

品妍知道，美女牌絕對打不得。要從毛筆和刀這兩個重點下手。"這位先生，您貴姓？""我姓王，我叫王祐貴。妳說吧，要準備些什麼？""特大的毛筆，墨汁，和全開的萱紙。另外還得請小兄弟幫個大忙。不知剛頭兒准不准？""先說來聽聽。""我想和這位小兄弟套幾個險招，玩一下刀子。給你們老大一些難得的娛樂。您可不可以找個空地，停個十分鐘？""行行，這個主意不錯。小嚴，你看怎麼樣？""我盡力配合就是了。"

116

於是剛頭兒就找了有塊草皮的路邊靠車。品妍想不到事情能夠順利發展下來；似乎不認真構想一下無法讓那個青年滿意。

"小兄弟，您認為見面的場所，夠不夠空間借力高飛？"品妍稍微動動手腳，轉轉腰，一面詢問。"院子夠大，客廳也有將近六米高，應該夠吧。妳不怕萬一？"品妍心中一寬，有這番善意，應該可以成事了。

品妍有一天要那個人雙手托住自己的單腳或雙腳，向上丟出去。可惜試了幾次，不論蹲著托還是站著托，不論是長跑還是短跑，都不得要領，至多只能後空翻一次。沒有時間加上拳腳招式。這次，小嚴是個練家子，應該可以試試斜飛，由雙手接力，這樣雙腳比較有時間擺出姿勢。"如果能夠由上半身受力，斜飛扭身，那麼下來的時候腳朝下我是很安全。但是，比較沒看頭。我想試試頭朝下。可是那就得看你的走位，以及臂力，腰力，和腿力。我們先試試腳向下，如果你的走位沒有問題，再試試頭向下。你看怎麼樣？""好。""頭朝下時，我們用雙手疊掌。我們先打幾個散手，你的右手漸漸預留刀子的空間。套習慣了以後，你在我從空中下來以後，加上刀子。現在我們試試右斜飛和左斜飛，看看哪一個比較能夠出力。"說著品妍已經跨步一拳打向青年的左肋骨。過了二十多招，"把我向上拋。"品妍招呼完，衝向青年的右邊，雙手搭上他的左小臂，左腳一蹬。那個青年右手撐著左手向上用力一推，把品妍拋上空中。可惜高度不夠，品妍一扭身可以踢腳，但是品妍覺得那樣子沒有看頭。"接住我的雙手。"品妍一弓腰，雙手向小嚴的肩膀壓下去。小嚴趕忙移位，雙手舉起同時半蹲下去，兩個人的頭差一點撞上。品妍就順勢斜撐出去，雙腳著地，又向後退了半步，消去衝力。

品妍覺得身體狀況還不錯。"我們來試試高一點的比較有看頭。你說好不好？"小嚴一笑說"好啊，怎麼弄？"品妍想，倒像是師弟師姐在過招。

"就利用你平沙落雁的姿勢，上升時抱拳曲臂。我一蹬腳，撲向你的合抱雙拳，我再挺臂上撐；這樣四股力加起來，應該可以再拋高兩尺左右。希望我在半空中可以擺個姿勢出來；可是我下來的力量不小。你認為是雙分比較好還是定在半空中更有戲劇效果？"

那個青年的個頭比品妍高出一尺，比那個人高了二十公分多，也厚壯結實多了。體格跟吉他很像，比吉他高了十公分吧。

"還是把妳翻出去比較好看。我試試看，如果定在半空中，妳的平衡比較費事。"於是品妍打算隨機應變，這次改由左邊衝去。她欺身上去，把二十幾下散手重覆打了一次，同時留意小嚴的右手是否有足夠的空間容下一把刀子。然後在小嚴由平沙落雁起身抱拳的時候，品妍一撐腳，雙手撲住小嚴的雙拳。這次加上他的挺身和伸臂以及自己比較順暢的推力，果然升高了將近兩尺。品妍趁著上升的力道未盡，收腹仰頭，雙手抱著合併的小腿，變成坐姿，非常過癮。接著雙臂向後仰，合併，哈了一聲；把雙腿向上一踢，"我來了！"品妍收拳，頭下腳上的打出右掌。

小嚴已經矯健的移好位置，雙手抱拳迎向品妍的右掌。"把我向後翻。"品妍一邊說一邊把左手疊上去，開始留意手上的平衡點。小嚴彎肘彎腰洩去衝力，兩人的臉，相距不到兩寸。品妍說"著地後，向我背後攻擊。"品妍覺得小嚴的動作非常平穩，認為下一次可以試試定點停留。只聽到小嚴吆喝一聲，品妍就順勢雙手一撐，高高倒翻出去，雙腳微微曲膝，著地。背後傳來小嚴的聲音"右肩。"品嚴立刻右肩前移，重心移往左腳；一轉身，又和小嚴重覆了二十多個散手，再仔細看了一次第十二招斜割，才收功。"要得。"品妍大姆指豎起來。"小嚴，功力真扎實啊。來，我們妍究一下這個右轉斜割的動作。"品妍一邊說，一邊比劃自己應對的招式。小嚴立刻說，"是啊，我正想跟妳說。那個斜割加上刀子，只剩兩公分的空間，太危險了。"

"那麼，改成直刺要怎麼改？我們試試看接一個左肘側擊能不能轉過來。"品妍站了丁字步，左肘一揚。小嚴左手一拉，右手借勁直刺出去；品妍跟著右腳退向一百二十度後方，小嚴的右手刺就離開品妍的左腋下有五公分多。"就這樣。"小嚴收手，點頭同意。

品妍又問"小嚴，您自己認為，由左邊推高比較順手，還是右邊？或者，要不要試試正前方？"小嚴居然有點害臊的表情，"就是第二次的左邊再加右肩攻擊吧。"品妍實在欣賞小嚴的穩重和老實，一笑，讚美的說"以後有機會，我倒想交交您這個朋友。"小嚴居然紅了耳根。"只要妳不嫌棄。"品妍走向車子，就像在招呼弟弟，輕聲問"有沒有女朋友啊？"小嚴邊走向前座，邊搖頭。"喜不喜歡樂觀善良的？想想，下次再回答。"

品妍想到那個打雜的小妹。老貴把車門打開，讓品妍坐進去。"謝謝您，老貴。"車子再開了十來分鐘，開進一個獨棟大戶的鐵門。品妍想不到，香港居然有這麼寬大的住宅。進了一個大約十五米正方，六米高的大廳，一位留著八字鬍，看似老大的中年人在後方的圓桌，正和一位客人聊天。另一邊坐著一個年輕女人，低胸禮服，展現小半個滾圓的乳房，粉嫩的皮膚。老大向進來的四個人看了過來。品妍大方的邊走向那個女人旁邊的座位，邊抱拳說"郭品妍，見過龍頭老大。"老貴趕忙超前，把椅子拉開讓品妍坐下。

老大點了一下頭。品妍再次抱拳，問了客人"尊駕想必也是大有來頭的人物？"說完，嘴角上樣，眼睛打了一個問號。"不敢，我是老五，管帳的。"原來是主角之一。"是財務大臣，失敬了。貴幫的營生原來是您在辛苦盤算。"再轉身，"請問這位秀色可餐的小姐是？"品妍的表情，充分顯示了友善的誠意，再次抱一下雙拳。

第20節。　　葉亦穎

119

"什麼秀色可餐，大姐才是風采迷人呢。我叫亦穎，葉亦穎。"龍頭老大哈哈大笑"好個郭品妍。亦穎，就如妳願，向郭小姐討教一下吧。"品妍自然知道，事出有因，目前看來似乎不是什麼大事。亦穎站起來，右手在左腋下一拉，扯去晚禮服。於是，黑色的細肩帶以下，露出了低胸緊身運動服；裏著纖細勻稱的身材和稍微嫌大的胸部。在練武的女人來說，大胸部是很麻煩的。上儀就跟品妍抱怨過幾次，轉動太快的時候，都有慣性阻力。當然，就女人的誘惑力來說，大胸部是很好用的。亦穎慢步走向小嚴，一直走到小嚴面前四五步，停了四五秒，緩緩轉身。品妍正回想，究竟在什麼地方，什麼時候，招惹了黑幫；可是看葉小姐轉身以後，那副認真的架式，似乎只有先打一場再說了。於是品妍站起來，脫去外套。老五居然吹了一聲色狼口哨，還說"亦穎，妳給我小心一點打。折斷了郭小姐的腰，那就沒趣味了。"品妍的臀部渾圓豐滿，比亦穎的臀部大了一圈，而腰部居然和亦穎的細腰差不多。品妍最近三個多月，一直沒有胃口，吃得少；又常常運動，去發洩胸中那股，對於即將第二次失去購屋基金的無比憂鬱。直到聽了色狼口哨，才發現自己的腰部竟然又縮小了一圈。品妍知道，可以塑形的套頭衫一罩，自己的翹臀會更加引人遐思；所以立刻提醒自己，這個遐思的問題必須隨時留意，既要放得足夠也要收得及時。

龍頭老大也說話了"這場比試，點到為止。誰都不許受傷。"

品妍雙手一抱"葉妹子手下留情。我先出手了。"說著品妍雙腳一蹬，跳出座位，趁勢趕出兩大步，左腳裝勢，向亦穎的右腿側踢去。亦穎自然的右手肘一拉，左腳一進步，左手已經切向品妍左膝蓋的必經之路。然而，品妍左腳還沒踢直，右腳已經後發先到。亦穎沒想到品妍第一腳就是虛招，被迫收回左腳，而右腳再後退一步才避開品妍的右腳攻擊。她好像氣不過，左腳跨出半步，右腳勾入懷中，向上直踢品妍臉頰；類似少林懷心腿，勁力十足。品妍馬椿一站，上半身不可思議的轉到左邊，右手抓住了亦穎的右腳，向下一拉，左手就托住了亦穎的左臂和腰，順勢退了兩小步，消去衝勁。

120

右手接著移高，抱住亦穎的右臂和腰；低下頭，頂住亦穎的後腦，鼻子在亦穎的脖子後面停住。"好香啊，葉妹子用什麼香水？"話沒說完，全廳的男人都大聲鼓掌叫好。品妍放掉亦穎，後退兩步，等亦穎轉身。

亦穎氣呼呼的，急轉身，品妍搶著說"取巧了，妳的香水味道真好，能不能送我一個空瓶子？"亦穎不知道如何消氣，說不出話，只是一臉不服的表情。"好吧，再來一次，仍然是點到為止。換妳先攻。"品妍雙腳一靠站直了，等亦穎的決定。亦穎想了一會說"妳的腰不准扭兩個方向，要不然我來不及應變。我們先打二十下以上的散手才准踢腳。要不然，沒兩分鐘就打完了。妳不知道，我等今天真的等了好久。每次對打，他們都故意輸給我。最可惡的是那個小嚴，"說著還扭頭瞪了小嚴一眼"他只會一招，三十六計，逃之夭夭。反正，求妳陪我多練幾下子，好不好？"品妍一向最喜歡直腸子的人，其次，才是守信的人。沒想到今天就遇上了兩個，加上斷指事件可能只是葉小姐無聊，沒有別的麻煩，所以品妍當時的心情，愉快極了"當然好，這下子我可以名正言順的飽餐秀色了。"笑著說完，品妍鬆了鬆手腳，正準備接招，突然想到，穿上外衣就自然限制了扭腰的範圍。"等等。"說著轉身，臉上保持笑意，繼續說"可否請龍頭老大把我的外套丟過來？"那龍頭老大果然也是一個練家子。攎著外套的右肩，輕輕一抖，外套就由椅背脫出來，飛向品妍。"多謝。"品妍接住穿上。"這樣可以提醒我的腰，不要作怪。好了，葉小姐請。"

於是兩個人以快打快，足足打了五百多招。亦穎越打越起勁，驕喝連連。十五分鐘下來，品妍有點兒吃不消，於是黏了上去。品妍和亦穎幾乎是身體貼著身體轉，手腳都無法真正較力，比的只是巧勁。

亦穎才二十出頭，這麼貼身的擠在一起，轉沒幾下，就羞得她滿臉通紅。她幾次要脫身都被品妍順勢一拉，兩個人的身體反而輕輕一撞。

121

不是臀部就是肩膀；不是腿部就是背部；把觀眾看得大笑連連。到了第一次，胸部和胸部相撞，亦穎似乎受不了了，說"好了，我投降了。"品妍卻趁機把亦穎的雙手反剪，胸對胸的把亦穎牢牢抱住。看著亦穎無限嬌羞的臉龐，品妍真的有點著迷；探過頭去，要親她的鼻頭。亦穎把鼻子移轉，說"喂，鬧夠了沒有？"

品妍低頭在亦穎的乳溝一聞"沒有，還沒有鬧夠。"說著抬頭，看著近在眼前，亦穎眼中那個難以置信的眼神，品妍頑皮的一笑，說"親一個鼻頭？"亦穎搖搖頭。品妍就低頭吻了亦穎的胸部一下，說"碰一下鼻頭？"亦穎剛一搖頭，馬上改成點頭。於是品妍輕輕的把鼻頭碰了鼻頭，低聲說"妳那嬌羞的臉，真的把我迷倒了。還有，"動了動胸部，品妍又低聲說"以後記得告訴我，妳是怎麼保持妳這個魔力的？"慢慢把亦穎的右手放掉，品妍牽著她的左手走回桌子。亦穎靜靜的跟著走。"小嚴，你幾時看過亦穎這樣羞答答的？簡直像個媳婦兒。"亦穎摔開品妍，兩手抓起桌上的三個茶墊，向老五擲去，"老五，你給我記住。"老五順手接了下來，原來也是一個好手。

第21節。　　　善緣

品妍剛坐下，老貴已經給她端上一杯茶。"老大，郭小姐要我準備了萱紙，就等你的吩咐。"亦穎眉頭一皺，"老爸，我不要。今天不准寫字。我要看郭姐姐和小嚴打一場。"葉老大顯然技癢，趕忙說"妳沒看見郭小姐被妳撞得七葷八素的，讓她休息一下再打吧。"老貴已經在旁邊的書桌上鋪好麻將紙，又在麻將紙上鋪了對開的萱紙，四角壓了鎮尺。葉老大很快的寫了一幅行草的滿江紅，滿紙筆意飛揚。全篇的主要留白處，放在最大的三個字『駕長車』的上方，頗有開闊戰場的情境。品妍越看越覺得葉老大的確寫出了雄心壯志，"好一個寬大的胸懷，廣闊的戰場。"品妍一說完，葉老大兩眼一撐，"妳這個郭妞兒，有意思。妳也來一幅吧。"

122

品妍那天中午才和媽媽通過電話，告訴媽媽再三五個月就可以買房子，要媽媽留意適當的機會。品妍說"弟弟的公司如果負債，讓弟弟自己設法。"媽媽卻說弟弟又換新車了，說是車子不夠氣派，接不到訂單。又說孫子得了賽跑亞軍獎座，把阿爸樂透了，一直說，他的孫子是品妍第二。

品妍想到媽媽，就順手寫了遊子吟。寫完，自己一看，『慈母』二字相當不錯。把平靜的標題一下子引入激動的情懷。顫抖的字邊，把全篇思親的氣氛，由右上角向左方傳播出去，那種漸近的效果還好。"運氣不錯喔。"自賣自誇的說完，品妍滿意的笑了笑，在左下角題了時間和品妍二字。葉老大要老貴把字畫拿直了，邊看邊說"果然要得。又豪放瀟灑，又靈秀飄逸。真不知道妳是怎麼辦到的。"又走近了瞧，瞧了半天，說"妳的筆劃怎麼是一邊平整，一邊亂？"品妍立刻笑了一聲，"哈，還是終於露出馬腳了。那可是我練了好久才練出來的筆法，只此一家，別無分號。小嚴，麻煩你把老大的字畫拿平，和我的併在一起，來看看我的小家子氣派。"

果然，兩幅字一併排，就顯現了行草的威力。兩幅字，一動一靜。靜的程度不純，所以動的就特別吸引觀眾的目光。然而，正是靜中帶著激動，所以，那幅靜態的字也相當耐看。真是有趣的對比。連不喜歡字畫的亦穎也說"郭姐姐，我要妳的這幅字。老爸，你不能跟我搶。"品妍忽然有一個想法，"不如，兩幅字就這樣裱在一起，匡起來，都給了亦穎。葉老大，您說這樣可好？"葉老大讚賞的點點頭，說"好主意。就這麼辦了。老貴，約個時間，我要親自選匡。再給我鋪一張全開的。"葉老大先用中號字體在右上方寫了『好一個』三個行書，然後用小字在右下角署名記時『二〇〇八初夏 潮州 葉』，然後說"阿貴，麻煩你把畫紙放到地上。"阿貴和小嚴就把全開的萱紙移到地上，兩個人分別壓住四角。葉老大換了一枝巨無霸毛筆，醮飽了墨汁，分三次寫了一個善字，又分四次寫了一個緣字。整幅字，看起來居然是一氣呵成的筆意；很不簡單。

"好一個善緣！"品妍不禁鼓掌叫好，"葉當家的，既然有了這幅字，那我就不客氣了。可否打擾您一頓便飯啊？""正想請郭小姐賞光。剛頭兒，麻煩你叫個八人套餐，順便請你大嫂過來，湊足人數。"品妍這才放下了所有擔心的事。"請問葉當家的，大名如何尊稱？"葉老大拿出皮夾子，掏出一張金光閃閃的名片，遞給品妍，"我叫葉騰龍。在香港和九龍，兄弟們叫我潮州葉。這張名片妳收著，將來也許用得着。"品妍雙手接過來，那是一張名片大小的金葉子。上面浮雕著一條雲中龍，左邊葉柄處，一個潮字，右邊葉尖處一個州字。看來是個信物。

"郭姐姐，借我看一下。"亦穎跑了過來，接過金葉子，翻看背面，說"哇，是急件呢。"品妍拿出手機說"我先給家人報個平安，再聽妳好好解說。媽，我一切平安。大概十點左右可以到家。"亦穎把金葉子遞到品妍面前，"妳看，這編號前面是龍字，妳如果遇到麻煩，就打底下這個電話。有人二十四小時輪班守著這支電話。妳報上這個編號，龍〇一〇，龍開頭的是急件。我爸爸會盡一切力量，儘快幫妳解決麻煩。這種急件我們只發三張，妳的運氣不錯。我聽說昨天有一張收回來了，想看看它長什麼樣子。哼，老爸說，那是生財工具，沒事不能碰它。我們以前的令牌是竹子的，人家叫它竹葉牌。去年有個算命的說，竹葉牌會剋死小嚴，老爸就按照算命師的建議，換成了金葉子。都快一年了，這還是我第一次看到它。我覺得竹葉牌漂亮多了。"說著瞟了品妍一眼，"這個看起來好俗氣，對不對？"品妍想到小嚴的搖頭，看來是不喜歡亦穎或者是不想別人說他攀龍附鳳。品妍覺得有必要了解一下。"我覺得威嚴多過俗氣。妳看那條龍的氣勢，是不是像天子降臨？竹葉牌就一定雕刻不出，那種號令天下的感覺。不信妳再仔細回想一下。"亦穎再拿回金葉子，兩面翻著看。

品妍低聲的問她"亦穎，妳想不想知道小嚴對妳的心意？"亦穎猛一抬頭，盯住品妍，小聲興奮的說"想死了。好姐姐快幫幫我。"

124

"待會兒吃飯的時候，妳母親會來對不對？"亦穎點點頭。"妳母親是不是比妳父親更寵著妳？獨生女？"亦穎說"妳怎麼知道？"品妍必須先下一點餌。"那就是對了？亦穎，這可是妳的終身大事對不對？待會兒吃飯的時候，我會發難。妳得盡全力忍著，不吵也不哭；辦不辦得到？"亦穎點了兩次頭，第三次點不下去，"郭姐姐？"看起來，她是怕了。"怕？那妳的青春就這樣若有若無的耗下去？"亦穎咬了咬下唇，點了頭。"葉當家的，這麼貴重的禮，我是無功不受祿。可是呢，我又喜歡這個善緣。能不能請您派個工作，讓我保留這塊金葉牌？""這個容易。文的武的妳自己挑，表演一場，讓大伙兒一飽眼福。妳看如何？"品妍向老五一抱拳，"不如請五爺出個題吧。"

第22節。　　　老五

老五滿意的一笑，"行。就和小嚴玩幾手吧。可是，外套得脫了。""恭敬不如從命，獻醜了。"品妍脫掉外套，"小嚴老弟，請了。"於是兩個人就著排演的招式開打。只是把開場的散手增為六十多招，力道加強，而且把在空中的抱膝翻身，巧妙的改為躺在天花板上面，換個睡姿；品妍當時覺得那是十分難得的經驗，事後回想，也相當佩服自己的反應能力。然後品妍才腰部使勁，倒坐起來，雙腳一撐，頭下腳上的加速衝下。品妍低喝道"把我向大門外推出去。"這次的力度比排練時更強；小嚴由七字步挺身舉臂，一路變換姿勢，最後曲右膝坐在左腳上，還向後仰了十五度角，才勉強把品妍定在半空中。兩個人的額頭幾乎靠在一起。喘了一口大氣，小嚴才喝了一聲，把品妍推拋出去。

亦穎後來告訴品妍說，小嚴當時馬上跳起身，拿出單鋒小軍刀，朝著品妍右背刺去。把她嚇了一大跳。品妍當時是聽到了亦穎的大聲喝止"小嚴！"。然而，說時遲，當時快；品妍卻已經就著套好的招式躲過。

軍刀在品妍近身刺來劃去，和小嚴過了二十多招，品妍低聲說，"我要想辦法站上你的肩膀，然後你走動走動，我試著平衡十幾步。現在，你先想辦法，讓我咬住刀背，奪下刀子。"小嚴輕聲回答"第三招，刀背到。"品妍就勢咬住刀子，右手握拳打向小嚴的腋下，同時左腳踢向他的褲襠。小嚴只好撒手。品妍左手把刀子，刀柄朝下的丟在地上，衝向小嚴，順勢左腳在他右腿一借力，雙手已經翻上了小嚴的肩膀。小嚴也不客氣，身體右傾同時左手撥向品妍搭在自己左肩的右手。才稍微感到小嚴的右傾，品妍立刻把重心跟上，而且左手已經彎曲，臉頰都觸上了小嚴的頭髮，右手向上一拉，躲開小嚴的左手，又重新壓上小嚴左肩靠頸的部位，左手也趕緊移近小嚴頸部伸直起來；而下彎的雙腳已經搭上了小嚴的肩膀。於是低喝了一聲，憋住氣，品妍就站了起來。小嚴差一點撐不住，向前踏出一步。品妍輕聲說"小嚴，麻煩你先走十幾步，再跑五六步。"於是小嚴走動的時候，品妍一方面習慣肩膀上的平衡要領，還一方面左右腳各做了一次金雞獨立，兩次都差點把小嚴壓偏跌倒。接著小嚴跑起來，品妍覺得好過癮，站了六步，怕小嚴太累，就大大的哈了一聲，然後一提氣，雙腳輕輕向上用力，倒翻下地。觀眾們都大叫"好，好。"鼓掌不已。

品妍轉過身，上前握住小嚴的雙手，感激的說"啊，真是過癮。好久沒有讓平衡感，舒暢的延伸到手腳的末端，去好好應用應用。真是謝謝你，小嚴。你有沒有扭傷？"品妍知道大門外就是兩個階梯，小嚴一定是怕傷著了品妍，才硬把品妍撐住。小嚴搖搖頭，扭扭肩膀，跳了兩下，"還好，只有出力過多的酸疼。我實在看不出，郭小姐竟然敢來真的。"其實品妍對自己的平衡感一直很有信心，兩個台階根本只是一疊小菜。她在芝山岩的石梯，練了很多次五個台階左右的，向下跳，對於一高一低的著地已經很熟悉。只是一直沒有膽量像吉他一般，練習空翻著地。總覺得，腳的力量無法撐住十級台階的重力加速度。品妍開心的笑起來，"啊，那就實在太好了。我是不知死活，只想著，必須讓葉當家的金葉牌，值回票價。"說著放掉小嚴的手，走回桌子。

葉老大說"郭小姐的平衡本領真是到家。""幸不辱命。"品妍說著，卻留意到老五的眼睛一直盯著自己的腰臀，品妍就走得端莊神聖，儘量不扭動腰肢。同時正眼看著老五問到"五爺的夫人今晚沒空嗎？"兩個飯店的人員已經開始上菜，葉夫人也還沒到。"老五的夫人太多了，不知道要請哪一位，乾脆就一個都不請。"剛頭兒剛說完，一個茶杯墊子已經貼上了他的額頭。"連你也敢消遣老子，不想活了。"品妍就知道，天下哪有這麼順利的事兒。這個老五好像很不容易交往。

於是品妍轉了轉腦筋，想到了公司打算租約期滿就不續租。趕快說"請問五爺，在香港有沒有地皮。我們公司正在找兩塊地，各一英畝左右，合起來兩英畝也可以。"果然，老五的精神全來了。"有一塊一點三英畝的，靠近九龍；須要拆掉舊房子，七月底可以拆完所有水泥塊。另一個，將近一畝，還欠一戶沒有談妥價錢。兩塊地相距四公里多。"品妍問"五爺打算賣政府公告價的幾倍？"老五說"當然能夠賣得市價的高位是最理想的。"品妍點點頭，說"可否麻煩五爺把資料電郵給我？"說著，穿上外套，拿出一張名片，遞給老五。這時候葉夫人由老貴陪著走了進來；葉老大已經大聲招呼"來，阿嫺；見見今天的嬌客，郭品妍小姐。郭小姐，這是內人，玉嫺。"

品妍於是走向葉夫人，雙手張開，笑著說"葉夫人，可以抱抱嗎？"葉夫人也把雙手張開"我也想抱抱呢，真是個美人兒。"兩個人輕輕擁抱了一會，稍微推開。然後真心看入對方的眼中。品妍有一種相識恨晚的感覺，正想著"什麼時候見過面呢？"卻聽到葉夫人說"咱們好像見過面，是嗎？"品妍就想起來了。

她去京都看那個人的時候，那個人陪品妍去看香港和京都各三名女書法家的聯合書畫展，而葉女士還當場揮毫。"是在京都的時候，我去看妳的書畫。可是妳怎麼記得一個參觀者啊？"

葉夫人大笑了兩聲說"啊呦，我又不是瞎子，怎麼記不得這張美麗的臉蛋？沒想到妳也住香港，真是巧得好，巧得好。前幾天亦穎死纏著她爹，要找一個美女來餵招；被她老爹訓了一頓。我在一旁聽了覺得十分好奇，就開口問她'妳是挑上對方哪一點呢？'她就把妳那天在麥當勞店前，化險為夷的那一手，加油添醋的說了。那才終於把她爹的好奇心勾出來，讓她想辦法，確定妳的上班時間。我還一直納悶，這眼高於頂的小妮子什麼時候開始叫別人美女？原來，就是妳這個美人兒。真是巧得好。"

亦穎馬上說"郭姐姐，妳那天好神奇喔。拉了那個媽媽以後，妳的重心又低又斜，一定要倒的啊；怎麼馬上站直了，再跨出一步，好像沒發生過什麼事？"品妍笑一笑，高興的說，"是腳踏車的衝力太大，把我們三人的重心都拉高了。至於能夠抓到腳踏車的握把，那完全是運氣好。其實當時是我的右手正好迎向握把，我只是及時抓住，一邊利用它的前進力量把我的重心撐高，一邊雙手拉合，把小孩媽媽向左倒的力量糾正，同時把腳踏車向右倒的力量也糾正一些。然後先放掉小孩媽媽，再把腳踏車向右後方輕推出去，接著我也站直了。這六個動作，全憑雙手對於三種力量的平衡感，前後應該不到一秒。當時我自己都覺得好過癮。事後還足足高興了三天呢。"

葉老大好像聽得還不過癮似的說"郭小姐，妳能不能找幾個人，安排一個現場重播？"既然確定斷指事件只是自己太急躁，品妍心情極好。就問"先吃飯，再看戲，好不好？我肚子餓了。"葉老大趕快說"好，當然好。來，大家都坐下了。我先敬大家一杯；我乾杯，大家隨意。"品妍喝了一小口，悄悄對亦穎說"今天時機不對，下次再幫妳問小嚴的心意。把妳跟他的電郵和電話都給我，我一個月內幫妳查明白。"說著，喝了一口玉米湯，吃了一塊清平雞。亦穎舒了一口氣，趕快從她的背包拿了張自己的名片，在背面寫了小嚴的雙電資料，交給品妍。品妍也給了她一張自己的名片；又看了一眼亦穎的職位，是採購專員。

品妍說"葉採購,等一會幫我演戲?"亦穎微微一笑,點個頭。吃過飯,品妍要小嚴當腳踏車騎士,亦穎當媽媽,找了長板凳當腳踏車,圓板凳當小女孩。又找了老貴當路人甲,另一張圓板凳當電線桿。

當時,小女孩走在路人甲後面,媽媽右手牽著她的手,而品妍走在媽媽左腳後方大約一點三米。路人甲看腳踏車速度蠻快的,自己和電線桿之間的空間不太夠,就向左方躲開。騎士突然看到小女孩,已經來不及轉向,而那個媽媽當場嚇呆了;品妍立刻把跨出的左腳偏右,左手撲向小女孩的手臂,卻搆不着,只好抓了媽媽的右手腕,向左前方大力一扯,把小女孩拽向媽媽的前面,剛剛好避開了腳踏車的踏腳,可是品妍的臉卻向腳踏車的踏腳撞去。好在品妍的右手正好碰到腳踏車的右握把,右臂一出力,腳踏車的衝力就把品妍的臉拉高起來。品妍左臂把女孩的媽媽稍微拉高,立刻就放手。接著左腳後退了半步,才把腳踏車輕輕向右後方推開,再把左腳重新邁出去。而右腳在那一秒鐘,基本上沒有移動過。品妍相信如果沒有那個碰巧的握把,自己還是可以左腳用力,把臉移開,跌到女孩的媽媽身上,但是,一定會造成扭傷。而且女孩,她媽媽,甚至自己也會擦傷。品妍說"多虧了那個及時的握把,沒有人受傷。我自己都覺得太奇妙了。"亦穎說"原來這麼複雜,哇,郭姐姐,妳的應變速度好快。"品妍說"我認為,那完全是下意識動作。我的腦袋,只發出一個命令,救小女孩。接下來的其他行為,Well,我想都是反射動作。"

突然手機響了,品妍的回憶只好中斷。從浴缸中出來,抓了浴巾裹住身體,又丟了一條在地上,走過去,把腳踩乾了,到客廳拿起手機,"喂,是哪位?"品妍不習慣先看號碼再決定接不接電話。她認為沒有什麼不該回答的電話。原來是吉他。"品妍,妳認為只提狹相,還是把廣相也拉進來,全面討論?"這個死吉他,真會挑時候。品妍覺得跟那個人談,那就別有情趣,以前也玩過幾次。可是,這麼裹著浴巾,好像不適合跟吉他多說"我想想,半小時後給你電話。我要掛電話了。"

129

忽忽掛了電話，品妍走回浴室，解下浴巾。在大鏡子裡頭的身子，是比初見葉老大的那個時代，胖多了。將近三年，腰部顯然胖了一圈。生完聽梅就不像生完冲兒那麼認真的復腰。也是因為那一陣子，公司擴張太快，常常帶文件回家看。電話又響了，品妍乾脆光著身子，收拾了浴巾，拿了衣褲到客廳接電話。"好的，晚上小心開車。我要早點睡，不等你了。現在跟你做一個實況轉播，郭品妍光著身子在講電話。今天在床上她也不穿衣服。只要不吵醒她，郭品妍今天晚上隨便你。不小心吵醒了也沒關係。播報完畢。"是那個人，說要十一點多才能到家。

品妍翻出了那三十六頁的電郵，把廣相的部分再仔細看了一次。只花了十來分鐘，可是已經都九點半了；品妍打算十點睡著，所以九點五十分要上床。站起來，找了睡袍穿上，品妍打起精神；接通了吉他"吉他，我十點必須睡著，所以你有二十分鐘。長話短說，先告訴我你對廣相的想法。"

第六段：品妍和廣相

廣相的公式和電磁波公式都採用了微積分的概念，所以和一般群眾就有了一段距離。品妍想，禪宗和一般群眾也有一段距離，那麼這兩個學問是不是有相似的地方呢？廣相是因為採用了微積分，那麼是什麼東西讓禪宗遠離群眾呢？品妍想，可能是因為禪宗採用了代數的概念吧。

禪宗把本性又叫做佛，把讓人找到本性的方法又叫做佛法。經過代數把本性和自性用『佛』給等價起來，再把找到本性或自性的方法用『佛法』給等價起來，於是變成『佛法是找到佛的方法』。看起來，也就『遠離塵世』了。南禪比北禪更加出世。既然只有自己知道自己的本性，理論上，一旦存心去找，隨時在找，那麼現在自己眼睛看到的，耳朵聽到的，或者皮膚感受到的，乃至於心中激起的，腦中幻想的，都有可能觸動自己的本性。也就是說，在每一個自己走到的地方，都可能因緣際會而讓自己突然找到本性。再進一步分析，因為到處都可能有突然的覺悟，所以南禪就主張頓悟。那些南禪的禪師就提出了南禪的公式：『到處都有佛法，萬物皆有佛性。』讓禪宗的學生去無中生有。

品妍覺得，廣相的公式就有點類似南禪的公式。寫一個四不像的微分等式，讓物理學家去湊答案。既然一個微分方程式可以有許多解答，換句話說，每一個解答最多也只能表示『真實宇宙』的多種面貌之一。品妍覺得愛因斯坦和慧能都很聰明，他們給世上其他的聰明人製造了兩個角力場，讓聰明的人們在相對論和禪宗裡頭鬥個天昏地暗。這麼想著，品妍就專心聽吉他說話。

第23節。　　廣相的罩門

"關鍵在於廣相的罩門。如果能夠確認廣相的罩門，那就不妨把廣相一起幹掉，對不對？" "如果你找到了，是的。"

"其實在邏輯上，如果狹相被證誤了，那麼由於廣相支持狹相，所以廣相必須跟著狹相走人。可是，廣相可以輕易的說，狹相錯了，而廣相只須要在等重力的情況，放棄狹相，改用另外一個取代狹相的理論。對不對？" "前段對，後段不對。但是你先說說你的目的。" "我想在廣相的公式中，找出它可以脫離狹相的機會。然後，把那個機會先否定掉。" 品妍覺得吉他應該是弄錯了。"吉他，那麼你的出發點在哪個部分？公式中的哪一項？你的理由又是什麼？" "我還沒找到究竟哪一項或者是哪個概念把廣相和狹相給結合起來。但是，在等重力的時候，廣相公式等於狹相公司，那就是一個線索。對不對？"

現在品妍可以喊停了。"不對。如果說等重力的情況，廣相公式必須等於狹相公式，那是忽視了廣相的空間變數。廣相公式可以趨近於狹相公式，但是不可能等於狹相公式。因為，狹相公式只有兩個自變數，靜系的時間和動靜相對速度；而廣相公式有四個自變數，靜系時間；以及另外三個變數自成一組，代表靜系的位置。雖然在遠離所有質能粒子的地方，重力趨近於零，空間曲度趨近於一；用廣相公式計算的結果是應該趨近於狹相公式計算的結果，但是，狹相公式根本不考慮空間位置。所以，廣相公式不可能等於狹相公式。對不對？" "可是，在零重力的時候，位置變數乘以零，就沒有影響力，也就等於廣相公式的自變數只剩下一個時間變數，不是嗎？" 品妍發現，難怪相對論能夠稱霸一百多年。像吉他，都已經是物理教授，還會自己挖個陷阱往下跳。

品妍就說 "你是可以這樣去理解。但是，你還是落掉了狹相的第二個自變數，動靜相對速度。對不對？所以即使因為重力趨近於零，三個位置自變數都除以接近無限大的距離，可是，它們對於時間的微分，還是代表了動靜兩系的相對速度，也就是狹相的第二個自變數。

如果你認為你這樣理解以後，就可以讓廣相公式在重力大於零的情況，保有現在的公式，而在重力等於零的情況改成另一個公式；那麼你的希望就落空了。難道不是？" "為什麼？" 看來吉他也累了，居然還問為什麼。

"你寫下來，自己想想；我們下次再妍究。現在我想知道，你既然提到以下這個邏輯：狹相如果錯了，廣相就跟著錯了；那麼，你是不是可以證明狹相是錯的？" "妳姨丈不是證明了？" 這個吉他，是該休息了。"拜託一下，他只是說明狹相其實是絕對的。如果狹相放棄相對的概念，那麼狹相到目前為止還沒被證誤啊。你想一想，如果把狹相改名字，叫它狹義絕對論；還是用原來的公式，只是把相對等速度 v 改成絕對等速度 v。那麼，我姨丈所提的問題是不是都消失了？"

吉他立刻說 "狹義絕對論？是喔。唉，我真糟糕地。現在我想起來了。妳在巴士上，幾小時前才提到的。我怎麼一下子就把重點給搞亂了？" "那麼，廣相就暫時擺在一旁。我要睡了。" 吉他搶著說 "等等，我還有一個念頭。廣相能不能專就引力，不依靠狹相，去建立另一套時空公式？" 品妍看了一下時間，"對你來說，這樣重建已經很不容易。對那些正式在學校教書的物理教授來說，那根本是不可能的事。想想看，廣相既然建立在閔氏空間，而閔氏空間的事件距離又是根據狹相的公式建立起來的。除非你能夠另外定義一個事件距離，發展出你自己的時空系統，並且，找到足夠的例子來支持它。你究竟有沒有新的事件距離公式？如果你沿用閔氏空間，那就等於，你承認狹相，不是嗎？"

吉他思考了兩三分鐘，品妍沒時間和他纏下去，說 "好了，你再想想，我真的該睡了。" 品妍脫掉了睡袍。正要關了手機，吉他卻說 "再等一下，那麼，妳認為廣相的弱點在哪裡呢？" 品妍只好把睡袍抱在胸前，想了想，說道 "首先，在理論上，除了應該是廣義絕對論，還有，廣相其實並不夠廣。

廣相只考慮重力，完全沒有考慮溫度的影響力。也就是，沒有考慮微量動力。廣相也沒有考慮電磁力，尤其是斥力。斥力又強，又和重力反其道而行。我認為，就算愛因斯坦用等價力的概念把電磁力折算成等價重力，廣相還是沒辦法包含熱力。因為，熱力必須依靠接觸才能產生作用，所以，廣相並不夠廣。接下來，在實驗上，廣相接收了狹相在實驗上的所有問題。我姨丈提到的三點都很有意思啊，到目前為止，科學家只測量了一次動系的時間速度，而且，那一次實驗還經過兩次加速。如何測量動系的時間速度，本來就是一個大問題。那是第一個問題。哪一種時鐘更能代表廣相？有什麼理由？那是第二個問題。"

第三個問題比較麻煩，品妍在腦中又整理了一次，說"邏輯上，時間速度也可以獨立於時鐘速度的變化。例如，廣相主張在強重力場，時間速度比較慢。所以廣相不能用鐘擺時鐘來測量時間，因為它的速度在強重力場，反而比較快。然而，都是時鐘，為何鐘擺時鐘錯了？到目前，沒有人提出任何說明。既然人們有這兩類時鐘，那麼，就讓它們都只是時間的測量工具，然後時間可以獨立於測量工具之外。這樣安排，不是更加自然？就好像我們可以讓距離獨立於熱脹冷縮的量尺之外一樣。那是第三個問題。至於，在未來的發展上有兩個方向。利用光子去測量時間的速度也許可行，我姨丈的『距離相對論』也很不錯。我真要睡了。"品妍覺得背脊有點涼涼的，才發現就這樣光著身子居然也可以和吉他說話，不覺得彆扭。正要關機，吉他又說"最後一個問題，去年九月的微中子超光速實驗，說是計時器出了毛病；今年元旦有另一個實驗室重覆實驗，目前結果卻好像無法超越光速。妳覺得要不要提它？""這要看你的文章，到底用不用得著。寫論文是不能有廢物的。我看你最好寫簡略些，早點睡。你也已經超過熬夜的年紀了。晚安。""那好，我簡略整理一下。晚安。"品妍拿了衣服，進了臥室，倒頭就睡。平常有約都搭黃副理的車，可以晚睡；明天有兩個約所以必須自己開車。

134

品妍想到，在香港開車可不好玩，就趕緊專心睡覺。

第24節。　　媽咪

第二天大早起來，那個人還矇著頭睡。一隻手擱在自己的胸部上，"哼，睡著了還不規矩。"品妍一邊嘮叨，一邊小心的把他的手移開。才拉高一公分，他的手指竟然動了兩下，然後整隻手在品妍胸部游走。品妍就放掉，輕輕打了下他的手"裝睡！要辦事就開始，我要早一點出發。"那個人坐了起來，掀開被子，上下看。品妍對有點發福的身子有些煩惱，說"胖了，對不對？""我喜歡這樣，"他欺身壓過來，繼續說"柔軟的墊子。"他一面辦事一面說"豐滿些，這樣抱著也比較舒服。"品妍覺得，這麼說，胖有胖的好處咯，於是心頭的那一絲減肥壓力立刻消失。品妍就滿心愉快的配合那個人辦事。他換了幾個姿勢，搞了二十多分鐘，還不肯罷休。

品妍正想投降，冲兒碰碰碰的敲了三下門。

"媽咪，妳有沒有感冒？妳昨天怎麼，光著屁股睡覺啊？"冲兒最近叫品妍媽咪，也不知道從哪裡學的。品妍只知道現在她真的很討厭『媽咪』那兩個字。品妍知道爸媽都早起，冲兒這麼一喊，那是全家都知道了。狠狠瞪了那個人一眼，品妍的眼睛說，已經跟你通知了，還管不住一個小孩？那個人低聲說"冲兒在車上睡著了。我到後車廂，拿那三包剩菜的時候，冲兒卻已經跑去找妳。我追上去，還是來不及。他只看到背面，我立刻幫妳蓋上了。真的。""真的嗎？我都沒有看到。媽媽光著屁股睡覺啊。媽媽開門，我也要看。"這下子真的是全家都知道了。

品妍想，這個搗蛋的聽梅，一起洗澡的時候每次都光著屁股，還湊什麼熱鬧。一面推開那個人，忽忽下床，一面說"聽梅，幫媽媽拿公事包，好不好？"聽梅高興的應了聲"好。"品妍和那個人，三兩下穿好衣服。打開門。

135

品妍摸摸冲兒的頭說 "媽媽太累了，洗完澡，沒體力穿睡衣，就睡著了。還好，沒有感冒。" 冲兒摸了一下品妍穿著絲襪的腿，"媽咪今天穿裙子，好漂亮。" 品妍捏捏冲兒的臉頰，"小馬屁精。是不是跟爸爸學的？" 冲兒居然點頭，"爹地是大馬屁精，我是小馬屁精。我會拍馬屁。" 伸手往品妍屁股就拍了過來。品妍一錯腳走向廚房，"拍不到。拍馬屁是一門大學問，好好向你的爹地學學吧。"

品妍邊忙著早餐，邊想著王令冲這個名字。都是那個人，給冲兒取名叫做令狐冲的令冲。果然和令狐冲一個樣。自小就點子特別多，而且，愛找大人麻煩。常常在半夜要吃的。他也不哭，只是踢敲床邊的木頭欄杆和床板。品妍和那個人都很能睡，大多是婆婆和公公負責照顧冲兒半夜那一餐。其實，品妍一直比較受寵，所以兩個孩子半夜的折騰多半是公婆和那個人搶著做。不到真的束手無策，他們絕對不叫醒品妍。而品妍知道，自己也叫不醒，必須碰碰身體或手腳，自己才有反應。冲兒雖然搗蛋，品妍卻很少被他折磨。至於聽梅這個名字，則是吉他取的。

梅兒這個名字實在夠安靜的。想想看，那得多寧靜才有辦法聽到，梅花展瓣開花，是不是？梅兒也的確比冲兒安靜多了。誰知道，聽梅今天居然無心的跟著冲兒搗蛋。品妍想到這次已經是第二次，讓公公婆婆看笑話。第一次更慘，還讓公公看到了自己的屁股。那是生冲兒不久的一個星期六。那個人加班，忘了設鬧鐘，起床晚了些。品妍就套了一件那個人的白襯衫，扣了扣子，邊捲袖子，邊趕到廚房給他準備早餐。既然做了一份，就乾脆繼續做全家人的早餐。

誰知道，那個人不乖乖的吃完早餐上班去，居然跑到品妍背後，隔著襯衫，全身亂摸，不肯走人。品妍小聲斥責 "不要這樣，媽媽是早起的鳥。你再不走，就遲到了。" 那個人不說話，反而抱緊了，大力摸。"還搗蛋。這樣好了，等你回來，我還是這個裝扮，可以了吧？" 他小聲興奮的說 "真的？就這樣上街買菜？哇，夠性感。"

品妍想，這個老公真的是，口是心非。得嚇他一下，就說"是嗎？中午我就這樣子到你公司，找你一起吃午餐，讓你好好享受這種性感，怎麼樣？"他這才放開手"妳還是穿這樣，待在家裡好了；不要上街買菜。"然後乖乖走回去吃早餐。因為公婆和小孩都早睡，品妍低聲說"你少神經了，穿這樣怎麼工作。我是說在睡覺前，我到廚房這兒，只穿襯衫，讓你摸個夠。這樣子，對你夠好了吧？"品妍回頭看看他，笑了一下。

沒想到，那樣也不可以。那個人大聲的咕嚕咕嚕，隨便灌下牛奶，好像在爭取時間。然後跑到品妍背後，雙手居然撩起品妍的襯衫下緣，打結，束在品妍肋骨部位。品妍正在煎荷包蛋，扭了一下沒能阻止。生氣的，小聲開罵"你找死，是不是？馬上把襯衫還原！"那個人摸了一下衣結，卻不解開。品妍急了，放下煎鏟和鍋子，雙手迴轉，結開衣結，扯下襯衫，蓋住臀部。回過頭，轉了身，正要找他算帳；卻看到公公剛剛轉了身，邁步離開。而那個人還痴痴的看著自己已經蓋住的下半身。品妍有點氣呆了，又想，反正都發生了；怪這個色鬼也於事無補。低聲喝道"喂！該回魂了。剛才你爸爸看到我的臀部了。以後有什麼麻煩，你自己看著辦。今天晚上的襯衫娛樂，正式取消。你快上班去。"那個人愣了一下，忽忽出門。

品妍那個時候，真的很不想面對公公。於是，熄了爐火，給那個人留了一封短信，說自己打算翹家一個禮拜，用電話或電郵聯絡都成。帶了筆電和簡便行李，到公司把要緊的事安排好，也是電話或電郵聯絡；當天中午就回到了台灣。那個人第二天打電話來，說他已經跟公公婆婆解釋清楚，而且，保證以後絕不在臥室以外胡搞。希望品妍趕快回家。品妍就明白的告訴那個人，一星期的翹家，代表品妍對於那天，不當曝露身體，非常在意；對公公來說，這是品妍絕對必要的表態。說明，品妍很難在短時間內，面對公公。對婆婆呢，品妍告訴那個人，她也趁這個表態，向婆婆致歉。雖然是意外，卻也是品妍沒有在第一時間嚴詞拒絕所造成的。

"致於對你。你這個死人頭。我想不出你為什麼掀我的襯衫。你究竟被什麼念頭給驅動了呢？還是鬼迷心竅，記不清楚了？利用這個禮拜，你好好的仔細找，把毛病找出來，告訴我。我以後多留意。"那個人說，最明白的因素是，他一時好想看看品妍的細腰翹臀。他說他會認真研究，到底還有哪些可能的促發因素。

第25節。　　　耳環與化粧

品妍想，那個時候是細腰；低頭看了一下不再那麼細的腰，心中感慨，青春不再。感慨歸感慨，腦袋還是十分清楚，自己的日子真的過得非常扎實。完全，幾乎完全，沒有浪費時光。做好早餐，吃了些為自己準備的早餐；包括牛奶，法國裹蛋土司，蘇打碎餅，混合起士，細葉沙拉以及香脆的培根，再加一點千島沙拉醬。品妍覺得味道真不錯。找出汽車鑰匙，發動了車子。接著回到餐廳，把早餐吃完，戴上一對碎鑽耳環，和家人道了再見，就上班去了。

耳環是品妍唯一的裝飾品。小小的心形，是她唯一常戴的一付。她打算一生只化粧兩次，而且都是別人替她化粧。一次是婚禮，另一次是死後。訂婚的時候，品妍只是加了一對耳環，就是現在這一對；是那個人送她的訂婚禮物。品妍只保留兩對耳環，都是那個人送的。

雖然品妍只有書桌，沒有化粧台，可是品妍支持化粧，而且非常欣賞美妙的化粧和化裝。她認為美妙的化裝，第一要緊的是角色的"精靈"在上鏡頭，或者辦事情，的那一刻，必須進入身體，尤其是進入眼睛。第二個是服裝不能錯太多，第三個才是臉粧不能錯太多。品妍覺得，自從有化裝這種職業以來，人們的生活才真的多采多姿。尤其是最不重要的臉粧，它對人類視覺享受的貢獻，絕對會讓前一世紀的人，嘆為觀止。由假牙，假髮，假睫毛，到日曬雨淋都不變質的化粧品，如果認真統計一下相關的經濟總值，必定相當可觀。

這當然包括由韓國帶動的整容風氣。微整容在台灣演藝界，已經逐漸普遍；她們，甚至於他們，只當微整容是一種比較固定的化粧。如果再把耳環也包括在內，這個化粧行業的營業額肯定更加不得了。品妍的結婚耳環就花了那個人二十幾萬港幣，比戒指貴了七倍多。和它配套的項鏈更加離譜，將近五十萬。那個人說他挑那一組，就是看上了那個項鏈。

可是呢，他讚賞得天花亂墜，而那個櫃台小姐也搬出各種相關證件，解說那顆紅寶石的罕見和真實，品妍卻只是微笑聽著，一直沒有插嘴。等到他終於告一段落，問品妍好不好？品妍才看了看價格，想一想，說道"要麼戒指，耳環，和我結婚；要麼，整套都買，你找別人結婚去。"轉頭看著那個人，等他的反應。那個人一臉失望，但是，二話不說，問道"能不能只買戒指和耳環？"櫃台小姐說"當然可以。我還可以問問我們店長，能不能在項鏈前面，擺放一個禮拜的已售牌子。那樣，如果你們改變主意，就可以再來取走。怎麼樣？"那個人說"謝謝妳，不必了。就買戒指和耳環。"那個人一定已經十分清楚，品妍一旦決定了，是不會改變的。至少到那個時候為止，還沒有更改過。

今天回想結婚耳環，品妍卻不禁為自己的好運，有一點擔心。到目前為止，品妍還沒有遇到，必須改變一個重大決定，的惡劣情況。品妍一直沒想過，自己竟然這麼幸運的活了三十多年。摸了摸耳環，突然心中有點慌。就提醒自己，專心開車。可是又想起那個結婚耳環的命運。它的命運居然和戒指一樣，只被品妍用過一次。按照品妍的理解，它們都只有進當鋪的命。車子開出警衛室時，品妍開窗和警衛點個頭，打招呼。

品妍的車子是豐田的『可樂啦』。本來想買更短小的，怕萬一車禍，孩子都坐在後座，太危險了。於是，就買了帶著後艙的。剛到香港品妍都是搭乘隨行秘書的車。因為品妍給隨行秘書補貼的油錢比公司的規定多了一成，所以秘書也樂得服務。品妍一直坐到，看習慣了靠左開車，才去考了執照。

又找那個人在大學停車場練了幾次，然後上路。品妍最認真的時候就是開車的時候。在台灣和香港各一次的擦撞給了品妍最實際的教訓。如果不是非常認真開車，那兩次擦撞都有機會迎頭撞上。香港交通警察還寫一封褒獎信給品妍，感謝她的警覺和不可思議的應變能力，避免了一次致命的車禍。警察檢視煞車痕跡，研判結果，發現品妍在一秒鐘左右完成兩次大弧度轉彎，把必然的對撞，硬生生的改成擦撞。可是，品妍還是寧願坐巴士。今天一出了警衛大門，品妍就全神貫注的開車。很順利的把車子停在靠近電梯的位置；這就是早到的好處。進了辦公室，小汪還沒上班，品妍就給自己泡了杯茶。

第26節。　　　面對狹相

剛坐下來，吉他就來吵她，品妍今天卻沒有安排時間給吉他。本來以為他要兩三天才能理出頭緒，而且，由於中午餐會要討論的訂單可大可小，品妍昨天挖了一些資料，打算今天上午消化一下。品妍說"吉他啊，長話短說，最好晚上再說。" "這可不行，今天上午要定稿。潘教授只能延後一天，今天下午一點要看我的稿。如果值得一拼，潘教授就不參加柏林的理論物理年度會議，和我一起把稿子重寫一次，提交給【自然】雜誌。小姐，是【自然】雜誌呢。潘教授認識幾個編輯團的人，機會比較大。所以，請妳現在就幫我檢查一次草稿。拜託拜託。"這個吉他可真會挑時間。如果品妍已經把資料攤開來，他就只好自求多福了。算他狗運亨通，可是真有那麼急嗎？"潘教授是何許人也？" "他是物理研究所的所長，我在物理學院的兼課就是他介紹的。"品妍打開筆電，找到吉他傳來的草稿，印了出來。這個吉他運氣夠好的，今天是因為中午餐會才帶了筆電；否則，按照品妍的原則，她絕對不用公司的電腦辦私事；因為，總是一個記錄。雖然實際上不可能，但是，至少在記錄上，品妍希望公私分明。

"我安排一下，你先把重點說說。"邊說邊看吉他草稿的第一段。

吉他先說明每一個，任何一個，由變數值來計算對應值的數學公式，都必須配合函數的概念去了解。"其實我是宣傳數學來著。我反反覆覆的強調函數的全面性。我忘了是誰說的，函數可以幫助人們判斷自己是否對於環境局勢有足夠的了解。因為，局勢的時空變數太多，必須掌握相關的重點變數，才能夠讓自己有十分明確的『對應值』，也就是『下一步，該怎麼做』的答案。我很贊成那個人說的話，他說，曾子在大學說的十六字道就是一個很實用的『人生函數』。等等，等等，我想起來了。啊，那就是妳說的嘛。這樣最好。那就請原作者親自指教。"品妍沒想到自己隨便說說，吉他卻把它拿來放在他的論文裡頭。
"不是的。在你腦袋裡面的全面函數概念已經是你的東西。我就把它和我的想法融合起來，再把結果 email 給你。就這樣了。"

品妍把鬧鐘設在九點，取了剛剛印出的十一頁，開始看吉他的反狹相論文。

【狹相公式的變數分析】{序言：狹相是愛因斯坦狹義相對論的簡稱。狹相公式有兩個自變數；一個是慢速慣性系統所記錄的事件時間 t，另一個是快速慣性系統相對於慢速慣性系統的速度 v。一旦 t 和 v 確定了，而且，v 小於光速 c，那麼快速慣性系統所記錄的同一事件的時間 t' 就跟著確定。所以在 v < c 的條件下，狹相公式是一個函數。在這篇論文中，我們要把狹相公式的所有自變數，分別用函數定義域，代數要求，和邏輯來仔細分析一次。經過分析，我們的結論是，只有在 v 代表絕對速度的情況下，狹相公式才有可能成立。那麼，究竟有沒有『相對的』時間公式呢？在這篇論文的最後一段，我們要介紹一個簡單明白的『時間相對論』，我們把它叫做『距離相對論』。現在，就讓我們開始。}

品妍覺得這個開場白還不錯，簡潔有力。吉他沒有包含廣相是明智之舉，否則，品妍就不夠時間把論文看完。

可是，吉他在面對記者的時候，就面對一般大眾，一下子就提出狹相公式，誰能夠聽得懂，看得明白呢？

吉他接著分析，在宇宙裡頭的每一個觀察員，不論移動的速度 v 如何，只要 v 小於光速 c，在每一個時刻，他(或她)的時間速度就必定是明確的。那麼，在同一個時刻，三個觀察員 A,B,C 的時間速度就是固定的 tA,tB,和 tC。現在我們來分析，究竟狹相公式能不能完整的表現 tA,tB,和 tC 的關係呢？

吉他寫道{在數學上，我們把 tA,tB,和 tC 的關係，按照三個觀察員的速度，分成相對速度與絕對速度兩種情況來分析。首先，假設 B 以等速度 v 相對於 A 而移動，C 以等速度 2v 相對於 A 而移動；那麼 C 就以等速度 v 相對於 B 而移動。

第一種情況，用相對速度來計算。如果狹相公式正如愛因斯坦所言，是根據相對速度來計算，那麼，根據狹相公式，tC=tA/gamma(2v)，tB=tA/gamma(v) 而且 tC=tB/gamma(v)。根據代數規則，tC=tA/(gamma(v)的平方)，所以，我們可以得到以下這個關係式：（gamma（2v））=（gamma（v）的平方）。而這個關係式只有兩個解，一個是 v=0 另一個是速度 v 等於光速 c 平方，的根號 2 倍；也就是大約一點四一四二一倍。在相對論裡頭，如果速度 v 大於光速 c，那麼時間就會變成虛數。所以在 c>v 的條件下，唯一的解答就是 v = 0。

因此，在數學上，如果狹相公式允許相對速度，那麼，自變數 v 必須為零，而狹相公式就成為一個沒有實用價值的公式。

第二種情況，用絕對速度來計算。如果我們以絕對速度來計算，假設 A 的絕對速度是 u 那麼，B 和 C 的絕對速度就分別為 u+v 和 u+2v。在數學上，對於任何小於光速 c 的絕對速度，狹相公式就不再受到像相對速度那種額外的，對於定義域的限制。所以，如果狹相公式要在 v > 0 的情況也能適用，就必須採用絕對速度的自變數。

142

把自變數由相對速度改為絕對速度以後，所有的時間速度都必須透過絕對靜止空間的時間速度 t_0 來計算，$t_A = t_0/gamma$（u）而 $t_C = t_0/gamma(u+2v)$。因為 $c > u > 0$ 的時候，gamma（u）> 1，所以在重力相同的情況，t_0 是最快的時間速度。因為 $t_B = t_0/gamma$（u+v），所以，$t_B = t_A$（gamma（u）$/gamma(u+v)$）才是在 $v > 0$ 的情況也能適用的狹相公式。原來的狹相公式 $t_B = t_A/gamma$（v）只能用在 v=0 的情況。}

這樣子修改狹相公式，雖然不夠明朗，但是總算邏輯正確。這個不夠明朗的問題，還得研究一下。品妍希望潘教授看得懂，那麼，至少利用這篇論文可以更改狹相公式，給吉他和潘教授博得一些名聲。

品妍想，似乎值得好好看一次。於是，打算先安排好中午的工作。拿出昨天看了一部分的資料，把重點再整理一次，發現如果多準備幾種汽車的機油濾清器，也許，可以碰上對方想要的那種。品妍挑出三份還沒看的資料，「小汪，我有三份資料，麻煩妳拿去給黃副理，請他接到資料就打電話給我。」小汪進來，拿走資料。黃副理的辦公室就隔一個組長的辦公室。電話很快就響了「黃副理，對不起。不知道你對那三種產品有沒有研究？」果然他只知道一種。「你看中午和宏川的飯局，那些產品有沒有機會中獎？」宏川和大陸幾家汽車零件廠合租展示攤位，去年在北京 AMR 和賭城 SEMA 各辦了一次展售。聽章經理說，成績不錯，這個飯局多半是相關的訂單。「郭經理，我聽吳副理說，宏川在巴西有三個剛建立的大買家。出不得差錯，所以才透過我們採購。他們一定也已經找了一些報價。這兩種好像都值得了解一下。嗯，有專利那個，性能還蠻有吸引力的。」「既然如此，麻煩你上網或電話查查包裝細節，價格和交貨時間，中午就由你控制這個部分，可以嗎？」

「沒問題，我把我知道的其他三種也一併更新。」品妍想，那就有備無患了「謝謝你了。我今天有事，自己開車。中午我們十一點半在停車場見。」

於是品妍就收拾了筆電和公事包。把精神集中起來，繼續和狹相對抗。

在科學界，一直有反對狹相的正義學者。品妍就想，為什麼狹相被反對了一百多年，卻是越反對，越活得帶勁呢？吉他把狹相公式由相對速度更改為絕對速度，卻好像進一步肯定，『洛侖茲因子』，gamma（v），在時間速度的問題，扮演了必要的角色。不只如此，由於這個更改，狹相說不定活得更健康。因為，找不到絕對靜止空間，也就沒有辦法證明狹相是錯的。於是品妍就把這個問題寫成回郵的第一個建議；希望吉他在語氣上，說清楚，這個新的狹相公式只是把舊的狹相公式修改，讓它不只在 v = 0 的時候成立。是更改，修改；不是更正，也不是修正；因為，新的狹相公式仍然只是一個假說。

品妍看完了吉他的論文，發現他在介紹『距離相對論』，『距相』，的時候，沒有什麼實驗基礎。於是建議他，暫時只改變狹相公式。不要介紹『距相』，只說目前有不少其他的相對時間公式，等待科學家去檢驗。然後，列出幾個，其中包括『距相公式』就好了。至於第三個建議，品妍考慮了兩次，還是寫出來。她建議吉他，把『新狹相公式』寫成『狹絕公式』；感覺上，更能表現論文的主題：愛因斯坦的時間公式，是絕對時間公式；不是相對時間公式。然後，品妍跟著寫，所以，標題乾脆改為【狹相公式其實是狹絕公式】，【狹相公式應該是狹絕公式】或者【狹相公式本來是狹絕公式】。看起來，更加直截了當。至於和主題不相干的『人生函數』，品妍建議，刪除。

最後，品妍鄭重強調，吉他說的比做的好聽；吉他並沒有像他自己說的，是宣傳數學來的。品妍說，前面三個建議都比不上吉他自己宣傳的重點。品妍說，吉他至少應該提出三個數學重點來宣傳：

第一個數學重點是函數的『定義域塌縮』現象。

事實裡頭有不少人們無法理解的現象，但是，一個定義清楚的函數，絕對是明明白白的。所有物理因果理論都必須有定義清楚的函數去說明。也就是，由哪幾個因，可以明確的對應到哪一個果。

狹相公式和逆狹相公式都是函數，而且這兩個函數在真實宇宙中一直成立。那麼，當我們任意選定一個時刻，在那個時刻，那兩個公式就必須同時成立。可是兩個函數同時成立的話，它們的自變數 v 和-v 的定義域就縮小成原來兩個定義域的交集，也就是只有在|v|=|-v|=0 的情況下，它們才能同時成立。這個函數的『定義域塌縮』現象，愛因斯坦並沒有說出來。這正是數學函數的作用。

第二個數學重點是代數的『定義域塌縮』現象。物理實驗總是有些度量誤差，但是，一個定義清楚的數學公式，絕對是分秒不差的。任何物理公式都必須在數學上定義清楚才能夠進一步用物理實驗去檢驗。狹相公式是一個數學公式，但是，愛因斯坦把系統的速度 v 規定為兩個系統之間的相對速度。經過代數代換，我們發現，如果採用相對速度，那麼，狹相公式就只有在 v=0 的情況才能滿足代數的代換要求。也就是利用代數的要求，只看一個公式，就可以把狹相公式的自變數 v 限制在 v=0 的條件下才能成立。

第三個數學重點是代數的『擴展定義域』功能。品妍在電郵又寫道 "現在你用數學去分析。狹相公式的自變數 v 如果採用相對速度，v 就必須為零。可是，v 如果採用絕對速度；把所有移動系統的時間速度，一律根據絕對靜止系統的時間速度去計算，那麼，在數學上就允許 v 大於零的情況。也就是說，我們不用 v 和-v 來代表系統 A 移動（B 靜止）和系統 B 移動（A 靜止）的相對速度，我們用 vA 和 vB 來代表系統 A 和 B 相對於絕對靜止系統的絕對速度，而 tA 和 tB 分別代表兩個系統的時間速度。

那麼根據狹相公式，如果用 t0 代表絕對靜止系統的時間速度，我們就有 tA=t0/gamma(vA)， tB=t0/gamma(vB)可以適用於 vA 和 vB 大於零的情況。但是，由 tA 去計算 tB 的狹相公式就必須更改。tB=tA(gamma(vA)/gamma(vB))。由 tB 去計算 tA 的逆狹相公式也必須更改為 tA=tB(gamma(vB)/gamma(vA))。於是，在數學裡頭把狹相公式的 v 定義成絕對速度以後，根據絕對時間速度 t0，狹相公式就可以適用於 v>0 的情況。但是，如果要建立任意兩個系統的時間速度關係，那麼，狹相公式就必須更改成狹絕公式，才能夠把定義域由 v=0 擴展到 v=0 或 c>v>0。最後品妍寫道 ” 這樣分三點說明，你才像是在宣傳數學的可靠和功能。對不對？”

第七段：品妍的同性朋友

品妍的朋友很多。但是，像吉他這樣死纏爛打的，卻只有一個。

第27節。　　上儀

把電郵送出去，品妍又想起自己鬧的第一個大笑話。跟今天那個第二次笑話相比，第一次實在麻煩多了。可是，也因為有了第一次，所以今天才能舉重若輕，馬上解決。為了那個第一次，品妍還辦了兩次高中同學會，一次在台北吃飯，一次在台南郊遊，問問老同學的意見。她們的第一反應大多是"這下子妳婆婆一定很不高興。"可是，品妍沒想到，兩次同學會，她們接下來居然都鬧著要看品妍的臀部。在餐廳，她們只要品妍站起來，轉兩圈。台南的同學就比台北的更過分，還圍成一圈人牆，要品妍在裡面當場表演。不想掃了大家的興頭，品妍當時就拉了其他兩個身材不錯的同學，一起脫下了裙子或外褲，撩起了衣擺，下半身只穿著內褲。各自轉了三圈，還扭了幾下肚皮舞。大家笑鬧著，老老實實的瘋了一次。品妍也問了媽媽的意見，媽媽說，和婆婆多撒嬌就是了。結果，那就是品妍自己決定採用和實際採用的辦法。

另外，品妍還打電話問洛杉磯的上儀，問她有沒有什麼好的說詞可以應付公公。上儀只是糗她，還說記不記得"再一次感謝。"品妍當然記得。品妍在國中開始，除了升高中暑假的前半年和後半年以外，偶而就會穿一次露臍的短衣。品妍的細腰把上儀給羨慕死了，每一次上儀都誇張的說"我要為天下的男生再一次感謝發明露臍裝的人。"然後，故意盯著品妍的肚臍眼，"再二次感謝。"再近距離盯一次，"再三次感謝。"而且，還樂此不疲，每次都要耍一次寶。有時候還拿鼻子直接壓住品妍的肚臍說"好香。"那個人也說，品妍有一種特殊的體香，和她用的肥皂味道不一樣。他也喜歡用鼻子靠著品妍的肚臍，磨著。

上儀在國中就發育得很豐滿，所以不是露臍就是迷你，不是低胸就是緊身，經常惹得一群男生跟在後面。品妍到了國三下學期，有一年沒穿露臍上衣。因為品妍發現自己的腰居然好像樂高積木搭成的，由肋骨下方直接塌陷然後在骨盆又直接突出來。而且腰部前方六坨肌肉，後方兩條大筋，好像機器人。柔道課，腰帶一綁，還是看得出有一點畸形陷入。可是以細腰做支點的扭力超強，讓品妍覺得柔道很好玩。

校隊的教練老是說品妍不夠投入，有拿冠軍的實力，卻總是差一兩名。品妍倒覺得自己非常投入，尤其是國三，約會的時間都不能和柔道課衝突。只是在比賽的時候，品妍不像對手那麼拼命，所以從來沒拿過冠軍。

品妍在國三下學期穿得比較保守，只是偶而穿個迷你裙。可是上儀聽說高中教官還會到校外抓奇裝異服的學生，所以在國三下學期，色不迷人死不休的她，真是恨不得就穿比基尼上街。有一次，一個穿著不俗的中年男子，為了仔細看看上儀的腰，故意把原子筆掉在公車地板上，然後彎身下去撿。在上儀肚子前面，彎得特別慢。剛好司機左轉，那個中年人的頭在小鋼柱上一撞，當場趴下去，哎哎直叫。嚇得司機把車子停在路邊，那個中年人才跪起來，扶著鋼柱，慢慢站了起來。起身的時候，還記得瞄兩眼上儀的肚臍，才站直了。品妍當時覺得，真是人不可貌相。也發現男人居然可以好色到那麼明顯又那麼猥瑣的程度。品妍為人類悲哀，上儀卻只是頑皮，愛看男生的笑話。

不過，品妍倒是希望全天下的男人都看過上儀國三那個穿緊身衣的少女身材，尤其是那個年輕豐滿的胸部。品妍印象最深的是有一次，上儀穿了套頭衫，沒穿內衣，走起路來，乳房自然波動。讓品妍看得好舒暢，覺得所有女生都應該試試；趁著沒人看，還忍不住摸了兩把，逗得上儀兩腮都紅了。回到家，品妍馬上找了一件套頭衫試試。結果，卻慘不忍睹。兩個明顯的乳頭印子，活像一個性飢渴的女人。當然更缺乏上儀那種上下波動的神韻。真的是沒得比。

148

是啊，人比人氣死人；可是品妍當時的心情卻不是生氣。反而有點解脫的輕鬆感。其實真叫品妍只穿外衣，不穿內衣上街，她還是有點怕怕的。所以發現穿起來十分不雅，倒覺得像是摸彩中獎，有一種意外收獲的喜悅。品妍通常只在臥室裡頭，穿睡袍，不穿內衣；偶而，也不穿內褲，甚至什麼都不穿。所以，那個第一次笑話，品妍知道，自己也有錯。

品妍只能對婆婆撒嬌，多買幾次小禮物給婆婆。在公公那裡，有一個多月，品妍都沒有開口，只透過婆婆對公公做了一次表態，說"媽，您跟爸說，那一次純屬意外事件，有礙瞻觀；我非常抱歉。好不好？"婆婆貼心的說"我看他是巴不得，多礙幾次瞻觀呢。別理他的想法，等哪一天妳想和他說話，再說話。別急啊，別急。"

品妍發現自己居然在上班時間胡思亂想，真是要不得。距離出發時間還有一個小時，於是品妍設了鬧鐘，打算再處理一個折扣案。才拿出檔案，品妍的手機響了。

"吉他啊，今天沒時間給你『距相』的建議。我只是覺得，你介紹距相的文章，不太有，其實是根本沒有，吸引力。不如把距相暫緩。你覺得怎樣？"吉他說，"我贊成。還有，標題，我想用【狹相公式應該是狹絕公式】。妳說得對，光是這個發現已經可以引起物理界的注意了。謝謝妳。希望這次能夠成功，啊，品妍，妳是我婚姻的救星。"聽吉他興奮的感激話語，永遠是一種享受。他的音色渾厚，在興奮時帶一點震顫的音效，聽著就是舒服。

難怪朱小姐對那些追她的幾個富二代不理不睬，冒著和另一個女人，一起留在吉他心中的風險；還是被情歌征服，回到吉他的懷抱。"品妍，如果我今年結婚，那麼我的第一個孩子就讓妳命名。啊，多謝妳了。"品妍想，到時候一定好好想一個應景的名字。"我是真希望我姨丈的心血有點結果。我謝謝你才對。再見了。"

149

吉他說惜時有勾魂的臉孔，天使的腰臀；吉他加上惜時，品妍就想，吉他的小孩一定很漂亮。給漂亮娃娃命名，真是令人期待的好事。吉他又說品妍和惜時正好反過來，品妍有勾魂的腰臀，天使的臉孔。

　　第28節。　　武器

品妍已經很久沒穿短裙套裝了。為了讓宏川的說客分心，品妍還穿了黑色的織花絲襪。藏青色的上衣裡面是緊身的中圓領，鵝黃套頭衫，露出一點點乳溝。雖然腰部胖了一圈，但是，只須不扣外套的扣子，還是看得到那個由胸部和兩側凹下去的腰。而且，因為胖了些，短裙扣好，就拉不到三年前的底線，高了將近一寸，已經有迷你裙的味道。品妍今天有一點兒壞心眼。按照品妍的經驗，即使自己一臉正經，話題嚴肅，還是難免有一兩個特別好色的男士把注意力放在她的身體。尤其是在白板上邊寫邊說的時候，所以，除非不得已，品妍絕不使用白板。今天的說客假如不是品妍猜想的那個老頭子，品妍就會把扣子全扣實了，連胸部都封住。

品妍喜歡公平競爭。那個老頭子欠台灣組組長一個道歉，所以品妍才拿出武器來討回公道。衣服，襪子和耳環如果是槍，那麼品妍臨場的機智就是子彈。品妍認為合作才是上策，但是，難免遇上打死也不肯合作，總想多占一點便宜的交易對手。

那種人，精明得像鬼一樣。粗枝大葉，有點海派的品妍往往賺不到那種人的錢。可是那種人也有好處，他們總是走在市場前緣。他們就是有辦法嗅出商機，給品妍指出市場走向。所以品妍會主動和他們保持連繫，並且，盡量接一些奇怪的小訂單。雖然讓那些人占盡便宜，卻也讓品妍手下熟悉新產品的交易細節。由於量小，不花太多時間，但是在綜合性的大訂單，卻可以自己掌控所有新奇項目，不必外包。在大訂單，品妍就可以賺到該有的利潤。因為市場上，產品變化太快，品妍這種保持多樣客戶的策略，讓公司的營業額直線上升。

150

三年前，品妍建議成立包裝材料工廠和運輸公司，在北京和上海郊區各設立一個工廠，生產包裝材料。並且另外在幾個大廠附近租店面，成立託運公司。針對公司自己的訂單，服務那些接單的廠商。提供零件和材料的廉價運輸以及相關包裝方式與包裝材料的設計與生產。去年開始營業，今年已經收支平衡。主要的動力就是技術部門的自動資訊更新與分析系統。那個系統，讓品妍的公司能夠確實掌握新產品的品管重點和供需現況。另一個原因是技術部門開發的，全新的車輛調度系統。經過一年多的改進，技術部門發展出來的運輸作業系統，已經可以比美專業運輸公司的電腦系統。審陽第三大的運輸公司正在恰談，打算採用那套系統。

品妍在研發組就像黑幫的老大姐，一有新計劃，那批年輕人就拼了命的找人脈，套交情，偷程式的概念，連夜趕寫程式。一般都能提前完成，而且一有新念頭，就自動自發的改進指令，加快執行速度。研發組的成員，除了組長和兩個副組長，一般的組員平時就在技術部門工作，有計劃，看計劃大小，才把適合的人手暫時調入研發組。為了保密，品妍經常留意兩件事，一個是，開會中有衝突時，如果她聞出火藥味，必定事後個別談話，弄清楚衝突的重點。太堅持己見又說不出好理由的，當天就調出研發組。如果在一星期內，那個員工無法快樂的在技術部門工作，就視年資深淺，給予兩個月到半年的遣散費，裁掉。技術部門還負責對工廠員工的影視訓練課程，所以工作是做不完的。另一個是，排定至少十二個月的計劃，讓身在技術部門的研發組成員知道自己在最近的未來要做的事情。絕對讓每一個研發組的組員，一年中，至少在研發組待一個月以上。品妍更在電腦程式設計，出過許多關鍵的意見，像是檔案大小，索引方式，各項因素的分析加權比例，等等；讓業務員辦事效率極高。

最近兩年以來，業務員每次出缺，都有不少強手遠道前來，參加甄選。有一次三個業務員跳槽沒有兩個月又相約，一起回來。說是受不了沒有資訊的工作環境，而品妍也允許初犯。

後來又發生了幾次，事實證明，敢吃回頭草的，果然大多是有實力的。原本十分反對品妍這種做法的副總，後來也改變了想法。那幾個吃回頭草的，都像品妍的業務敢死隊。有新產品，他們就搶著去當先鋒。所以在公司管理階級，品妍的地位無人能比。上個月回台灣，品妍沒有連續三天的清閒。隔個一兩天，不是急電請示，就是外加電郵文件的難題求解；也不知道為什麼副總和老總，竟然不敢拿主意。

去年聖誕晚宴的時候，老總私底下問她，想不想接下他的位子？品妍可不想把上班時間都泡在開會和交際上頭。像現在這樣，處理故障訂單，計算風險，了解市場走向，這些工作實在有趣多了。“這不是人事命令吧？我打算在目前這個職位退休呢，怎麼辦？研發組的組長好像很有興趣；或者找股東大會推薦人選？老總，我真的很不喜歡你的工作，所以我一定做不來的。拜託放我一馬，真的。”“知道了。我早就預料妳會給我這個答案。放心做妳的工作。這個接班人的人選，一定先聽過妳的意見才決定。”品妍沒想到老總這麼看重自己。前年暑假，副總堅持不肯接納那三個回槽業務員的時候，品妍只好向老總求救。老總也不問細節，就找了副總說讓品妍試兩個月。“到時候，我一定認真評估。謝謝你，老總。”

第29節。　　小蘭

品妍希望老總順利交棒，這樣他才能多空出一些時間，陪陪他弱智的女兒。品妍在台灣上班的時候，就聽說了老總的故事。前年第一次見到小蘭。小蘭和品妍一見如故，竟然就像老朋友見面，自然的輕輕擁抱了好久，兩個人都不想分開似的。靜靜的抱了五分鐘以上。品妍才慢慢推開彼此，仔細看著對方。把老總感動得眼淚直流。小蘭長得非常秀麗。眼神看起來很清澈，可是，小蘭有智力問題還有嚴重的自閉症。她對著電話沒辦法說話，只有在面對面的時候，才能慢慢的說一些短句子。好在她可以寫電郵。然而，只是一些短句，卻已經有點兒詞不達意。

152

品妍總是摸索她的思路，也用類似的語法回郵。寫久了，也就逐漸熟悉。小蘭必須用很多『的』這個字來間斷，好像是給她自己一些組合字意的時間。

最近老總偶而就送品妍一藍水果，說是給家人吃。順便說，小蘭這一年來，比較多話了，也常常開心的笑。品妍每個星期都要收到小蘭三四封的短信，而品妍也很喜歡幫小蘭添加生活的風采，所以，除了每郵必回，偶而還會主動給她寄一個小趣聞。老總說，小蘭剛上小學二年級的時候，發高燒把頭腦給燒壞了。那一陣子，公司資金吃緊，股東大會開了幾次，都沒有辦法增資，偏偏當時的副總看著局勢不妙，跳槽到對手的公司去，又抓走一小批客人。逼得老總日夜加班，大小訂單都接。而小蘭的媽媽也接了校外的教畫工作。好在兩個小孩都很乖巧懂事，能夠自己照顧自己。就因為太獨立了，小蘭腦膜炎發燒，自以為是感冒，多喝水多休息就可以。不巧，小蘭她媽媽回廣州，陪小蘭的婆婆最後一天，又幫著處理火化和安置骨灰，三天不在家，老總也碰到一次熬夜，和美國客戶連繫，隔天清晨五點多才到家。

小蘭的哥哥蒼白著臉，說 "妹妹昨天的晚餐都吐在床上。我給她冰敷額頭，也吃了退燒藥，可是高燒不退。" 老總說，當時他的心頭突然猛跳一下，餘震不息，一顆心東竄西撞，久久未平的，全嚇呆了。後來可以回想，想到前天都好好的，而昨天早上不是感冒嗎？他又想到太太昨天中午的電話，說她得多待一天，要老總下班帶小蘭去看醫生，老總自己卻一忙就忘了。一開始回想，老總已經跟著行動；抱起小蘭送急診。結果，還是慢了幾個小時。小蘭的媽媽回來，把老總恨了兩個多月，不說半句話。老總說，他恨自己都恨了快三十年了，一直無法原諒自己。小蘭平常大多觀賞老總給她買的擺飾，自言自語；或者在指甲畫畫。

小蘭的左手和右手一般靈巧。

153

她的心思雖然沒辦法由語言文字表達，但是，在指甲小品，卻充分表露出另人艷羨，無比協調的構圖天分和對於美的表現能力。小蘭的母親是國畫老師，小蘭上幼稚園和一年級的圖畫都是甲上，被貼在教室後面的佈告欄。小蘭在指甲上畫的花草，每一幅都是可人的小品。尤其是那些蘭花和梅花，大多是五指成套的畫組，構圖遙相呼應，很有巧思。品妍最欣賞那套唯一的十指畫組。畫的是蘭花，構圖和筆觸都非常灑脫，把蘭花出塵的本色顯示在小蘭秀氣的十指上。她的山水和蟲鳥比較少，大約是太花精神了。但是，她的蟋蟀非常簡潔，大多圓圓胖胖的，造型很可愛。

第一次見面，小蘭剛剛洗掉指甲上的畫，老總說小蘭的哥哥每個月都來三五次，幫小蘭把比較精緻的指甲畫拍照存檔，已經存了將近一千幅。小蘭的話不多，但是，總不會閒著。品妍第一次拜訪的二十多分鐘，小蘭就一直帶著品妍東走西走。小蘭有整整兩個臥室，一共六個玻璃廚櫃的擺飾。品妍的公司什麼都賣，也就什麼都買，所以小蘭三十多年來搜集的珍奇擺飾就擺滿了兩個臥室。六個玻璃櫃還是她哥哥設計的。品妍見過小蘭兩次，就收了小蘭兩個禮物，第二次是交換禮物。小蘭的兩個禮物都擺在品妍辦公室的玻璃壁櫥裡頭。

看了一眼那個第二個禮物，去年中秋節小蘭送的牛角帆船，品妍覺得那真是一個細緻的作品。有船夫在搖槳，還有兩個乘客在品茶，姿態靈活，是一個難得的藝術品。忽然，品妍有一種再也看不到那兩個乘客的感覺。距離十一點半還有十多分鐘，品妍好像被那個神秘的感覺支使著，走近了，仔細瞧那兩個乘客。她第一次發現，原來那是兩個老乘客，還有表情。一個乘客張口，像在述說往事，眼睛看著遠方；而另一個，把頭探向說話的老人，瞇著眼，專心的聆聽。品妍好像一下子掉進了他們的故事裡面，身體站在那兒，靈魂卻似被神秘的感覺帶進了船篷，耳邊還有一些水浪聲逐漸浮起。

然後，品妍卻突然轉頭看向牛角帆船旁邊的麻竹筆筒。

隱約覺得，再也看不到小蘭了。

小蘭的手非常冰冷。當小蘭把筆筒給品妍的時候，她一邊說
"這是，我最喜歡的，筆筒。妳看到它，就好像，看到我。它
陪，了，我，二十多年；聽，了，我好多的，心底話。它會，
慢慢，說給妳聽。"一邊用兩隻手包住品妍捧著筆筒的右手。
她的手又冰又有點顫抖，兩眼散發激情的光芒。品妍一時不知
道要如何消受這份真情。用左手包住那雙小手，讓小蘭的顫抖
漸漸舒緩。可是一直到分手，小蘭的眼光還是炙熱的。

品妍伸手把麻竹筆筒拿到辦公桌上。慢慢從抽屜中挑了幾支原
子筆，放進筆筒。看著筆筒，輕聲說，"說吧，我會試著去了
解。"接著，品妍拿了筆電，放進公事包，到停車場和黃副理，
張秘書見面。張秘書搭黃副理的車，大家同時出發。

第八段：品妍的異性朋友

今天是吉他到香港的第七天。

　　第30節。　　　第二主角，吉他

品妍在醫院中已經躺了一個星期。吉他每天都來陪她。今天惜時也由北京飛來看品妍。這是惜時和品妍第一次相逢；但是，品妍仍然昏迷不醒。昨天那個肇事的法研二年級學生又來跪了半小時；酒醉駕駛。吉他一向積極樂觀，可是這一星期來的沉思，卻把他給弄迷糊了。首先是開車最專注，曾經在台灣神奇的把裂車慘劇，硬改變為輕微擦撞的品妍，最終還是躲不過無預警的酒後駕車。

在台灣的車禍，品妍當時的搭檔，麗釧，就坐在品妍旁邊。麗釧和吉他的妹妹是大學的死黨，她說，當她看到那輛貨櫃車突然轉向，穿過分道線對著自己衝過來，她第一直覺就是完了，這下子要被分屍了。誰想得到，品妍立刻緊急煞車，然後右轉，再左轉；當貨櫃車撞上車尾的時候，居然變成了輕微的擦撞。貨櫃車在路旁稻田中衝了二十幾公尺，挖了一條深溝，奇蹟似的斜斜停住，沒有倒下。品妍接著把車子停在路邊，一面打電話報警，請求救護車，一面從工具暗箱取出小急救盒，跑向貨櫃車。貨櫃司機果然被勒昏了，駕駛座的門還被左前輪壓得變形無法打開。品妍從稍微翹起來的右門進去，麗釧跟著，看看那個司機，看不出外傷。兩個人才退出駕駛艙。

警察和救護車先後到達，品妍簡單做了口供，帶著警察檢查一次煞車痕跡。直煞車大約有五尺，在右轉一尺的輪胎印特別黑，又特別寬；接著突然細下來。左輪又比右輪寬一些，也黑一些。警察說，按照那種阻力判斷，通常汽車會向側前方倒翻出去。可能是品妍立刻左轉，剛好在車子要翻起來的那一刻，給車子的上升力道，一個前進的宣洩口。

警察說，品妍的運氣很好。麗釧卻直覺，那不只是運氣。麗釧告訴吉他的妹妹，她認為品妍是天生的賽車選手。吉他後來向品妍轉述麗釧的評語，品妍只是笑笑。

警察告訴王青說，那個酒後駕車的司機是剛剛考過律師執照，準備好，正要開業的律師。車上兩個他的研二同學喝得比他更醉，聽說是在教授家邊聊邊喝，由半夜三點一直聊到上午十一點多，原本打算叫計程車。

教授卻說那個停車位是一個蠻橫鄰居霸占的位子之一，怕車子被漏氣或刮傷，建議他們找替代駕駛。那個司機卻嫌麻煩，又只有十幾分鐘的路程，就勉強開車。而教授也不阻攔。王青對吉他簡單說了車禍的經過，又說就讓法院去判，他和品妍的父母對民事賠償都沒有興趣，只希望品妍快點轉醒。

吉他聽王青說完，一時滿腔的不平；連律師都不守法律，這成了什麼樣的世界？那個教授又是什麼樣的法學教授呢？

吉他在事發當晚就趕到了醫院。王青也是剛回到醫院吧，坐在床邊的椅子上，正脫著外套。看了走進來的吉他一眼，點個頭，脫下外套，又轉頭盯著品妍。就像一個靈魂出竅的空殼子。品妍除了額頭一道玻璃碎片的小割傷，看不出其他異樣。由於學校有助教可以撐一陣子，吉他就留在香港，等惜時來，才一起回北京。

第二天，潘教授一早就打電話來，說是他在機場，不能多說。他同意在數學上，狹相是有問題，但是，潘教授和那個強烈支持狹相的楊教授談過兩個小時以後，決定不參與吉他的計劃。潘教授連一點理由都不說，還勸吉他不要拿反狹相去煩楊教授，因為他也不會跟任何人談論狹相的弱點。不過，楊教授倒有兩本和『宣傳狹相』有關的小說，推不出去；想跟吉他合作。吉他想，這又是什麼樣的物理教授們？

157

第三天，吉他見到了主治醫師。才一個多小時，吉他就發現了醫師的口頭禪。那個口頭禪其實是很長的句子。"還有問題嗎？如果以後想到問題就記下來，下次別忘了問。我們下次再談。"就這樣，檢視了品妍以後，和王青談過，和品妍的兩個同事談過，也和吉他談過，從進門到出去，才一共花了五分鐘不到。這又是什麼樣的醫師？

到了第四天，王青有點要崩潰的臉色，吉他就堅持王青必須回家好好的睡一覺。吉他的理由只有一個；王青還有責任，令冲和聽梅。王青也屈服了，說"小孩現在以為品妍被公司緊急派到歐洲開會。小汪也打了電話，配合著我騙小孩。可是，都三天了，怎麼辦呢？"吉他記得品妍說過，她除了離家出走那一次，從來沒有離開孩子三天以上。吉他不知道王青要如何面對小孩。換了是他自己，他也不知道應該怎麼辦。王青又說"其實冲兒已經察覺事情不太對勁，大人臉上都沒有笑容。

可是，我應該讓孩子看到品妍昏迷不醒嗎？可以嗎？我是否該問問兒童心理醫生的看法呢？"吉他突然福至心靈，就假設自己是品妍，那麼，品妍遇到這種情況會怎麼處理？這麼一假設，吉他就有了幾個方案，告訴王青"我想，最快的，就說品妍開完會想和孩子好好玩一陣子，相約在國外什麼地方見面，由你爸媽帶孩子先走。然後，再換地方。能拖多久，就拖多久。當然帶一些錄影帶，讓孩子可以望梅止渴。怎麼樣？"王青立刻活了過來，"多謝了。我這幾天腦袋都是漿糊，好在還沒有洩露底牌。我這就回去安排。"於是孩子高高興興的出門，打算先到外婆家玩幾天，再到西雅圖姨婆家和媽媽見面。

第31節。　　　情義相對論

吉他握著惜時的手，看著品妍逐漸蒼白卻仍然安詳漂亮的臉，心中突然接到一個信息。是品妍通知他，她就快要醒過來了。這一次不知道是真是假？吉他在以前，針對品妍有過不下十次的第六種感應，可是只有一次兌現，其他都是自己的幻覺。

吉他非常希望這一次感應也能兌現。看著王青刮了鬍子，那副突然消瘦下來，十分憔悴的臉色；吉他心中喊著“品妍啊，妳的心地最好了。可別丟下他不管。”可是，吉他不敢把剛剛收到的信息說出來，怕王青聽了反而心神不寧，日子更難過。

品妍結婚前夕，和吉他有一次半個多小時的談話。談話內容也是相對論，然而，和時間無關。品妍說，私情和公義都有相對的兩面。公義分善惡而私情分愛恨。她說“我姨丈的善惡相對論很有意思。他說無善無惡是一個圓的底點，也就是涅槃的境地。向右為善，向左為惡，那麼善半圓的中心點就是存心守法；惡半圓的中心點就是無心失職。然而，至善和至惡在頂端相連，大義滅親就是一個，又至善又至惡的例子。我覺得他說得很恰當。”停了一下，品妍又說“屁姨丈沒有提到情字的愛恨相對論。私情的愛恨兩個半圓和善惡類似，在底點的涅槃處仍然是無愛無恨。我想，愛的中心點是想要給出的傾向和想要得到的傾向剛好是二比一的時候。恨呢，相反。至於愛恨交織的情境，就是對於同一個事物，又想給出，又想得到的情況。或強或弱，雖然並不多見，但是大多數人年輕的時候，都曾經經歷過幾次。凡是愛得深了，那個愛就越往愛半圓的上方走去。於是，在愛半圓上面的點也就不得不越來越接近恨的半圓。自然，愛得太深的時候，也就難免偶而踩到恨的半圓上，而且，一踩就是至恨。真是很有意思的相對論，對不對？”　　　　133
吉他第一次聽到這種半圓的情義相對論。他想到，所謂愛恨交織也就是兩個半圓形交接的中線。在中線上的點就代表那種得到和給出的傾向一樣大的情況。或強或弱，那就是在中線上越高的點，衝突越強，而越低的點，衝突越弱。吉他覺得，那是真的很逼近事實的分析。吉他說“那麼可以把兩個圓直角相交，併在一個球面上。把情義一起討論。”品妍白了他一眼，說“後知後覺，還有呢？我屁姨老是說禪宗不負責任，不務正業，在這個情義球的理論中，還真的可以看出一些她那個評語的含意。你說呢？”吉他想了想，禪宗？不務正業？情義球？原來自己不只是後知後覺，而且是，淺知淺覺。“不知道。教教我？”

品妍看著他，認真的想了一會，說 "再看一次六祖壇經，然後想想看。我認為，這是值得每一個知識份子自己去了解的命題。我不想剝奪你的機會。有了任何結論，那就是結論。真的沒有結論再找我。我們研究妍究。" 吉他其實已經看了好幾次六祖壇經，連蔡志忠的版本都看了。當天回到家，他就找出兩本，可是，才坐了下來他就有了答案。兩本同樣原文的書，不同的解說就呈現不同的教義。那是說，讀者再用自己累積的知識和人生的經歷去比較兩種解說以及禪師話中的意思，往往從中得到自己的第三種解說。可是，禪師說話的時候卻只能有一種意思；於是，我們如果跳出禪宗公案的眾多句子，直擊『自性即佛』這個中心，就可以發現禪宗和佛菩薩不同的地方。

禪是出世的，而佛菩薩是入世的；如此看來，品妍的么姨說得沒錯。品妍以前還對他說過， "禪宗主張，每個人，在情義四項，也就是愛恨善惡，都有天生的傾向和強弱；那麼，人生目的就是要找到那個天性，盡量保持它的原來模樣，不要去動它。" 現在想想，情義四項，那不就是情義球嗎？難怪當時品妍說自己是後知後覺。品妍又說 "既然做事情往往需要做選擇，而選擇就必定引導天性。為了保持天性，禪宗大師只好決定出世，盡量少做選擇。連說教都必須是『意在言外』。一來，禪宗不知道學生的天性，無法替學生找出答案，不如任意互動，更有機會觸發學生的頓悟點。二來，如果提出自己的天性作參考；一個公案說清楚了，頂多只能說明，當初自己如何找到複雜天性的頓悟點。既然頓悟點人人不同，不如不說清楚，保持學生的好奇動機。" 吉他覺得，品妍這樣說，的確就把禪宗給分析明白了。

吉他想，在情義球的理論中，每個人的天性就可以說是球裡面的一個點。那麼禪宗可以說， "人們應該找到自己的天性，安於天性，也就是一生盡可能待在情義球裡面的同一個位置。" 佛陀應該不贊成那種說法，佛陀可以說， "讓我每天都來勸勸人們，人們應該把自己的情義現況，由天性的點，努力移往情義球的最低點。不愛不恨，無善無惡。這樣可以減低痛苦。"

菩薩可以說，"只要你在我身邊，就讓我來協助你把情義現況往下移動，力求無愛恨無善惡。我來告訴你，這個下移的動作，你可以由善意和布施開始。"

吉他突然有一個調皮的念頭，他想，耶穌也許會說，"不是的，不是的，人們不能不愛。人們要愛神和神的兒子，我就是神的兒子。此外，人們還要去愛每一個別人，要愛別人就像愛自己一樣；而且，連敵人都要去愛。"那麼，莫罕莫德也許會跳起來，說"耶穌不是神的兒子。他只是一個比我早到的先知，他不是神的兒子，他不是，他不是。"所以，基督教和回教一直不和。至於佛教，小乘追隨佛普薩；老老實實的傳播佛菩薩的慈悲大道。是最合理的佛法實踐途徑。放棄肉身享受，經由苦修去感悟四大皆空。大乘和密宗，一個注重各種達到四大皆空的步驟和理論；一個宣稱各密教領袖都有超越人間常識的法力，可以為信徒灌頂消災迎福。

吉他記得品妍在大學的時候曾經給他電郵，提到印度教"印度教的主旨最有意思。他們說，每個人都是神的一部分，所以，對每一個別人都要像對神一般，才能在下一輩子向上輪迴，成為更高階級的人或者升到天界為神。藏傳密教比較接近印度教，是堅持主僕階級的人生宗教。最高級的人，就是喇嘛。印度教剛開始的時候，還把人類分為四大等級，一共兩千多細分的等級。一貫道希望綜合所有宗教，算是大乘佛教向基督教以及回教進攻。"至於台灣四大佛山，佛光山，法鼓山，以及中台山，品妍在電郵中寫道"他們都算是企業化的禪宗。至於慈濟，還加上醫療和救災的實際行動。慈濟的做法，好像現在的中國，名曰共產黨，實為私有資本主義；慈濟名曰佛教，四大皆空；實為保命，人的生命不是空的。"品妍還批評道"比慈濟更矛盾的多的是。慈濟保命，真佛宗保財，法輪功保健，白蓮教保民，各行其是；一點四大皆空的領悟都沒有，尤其是保財的，更是一點兒都談不上慈悲。真正表裡合一的中國宗教，大概就一個明教吧。"吉他完全不明白，一個女生，為什麼腦袋裡頭裝了那麼多一般男人根本不想去了解的東西？

161

可是品妍說，她不喜歡她姨丈的『十三品人格論』。她說，情和理是兩回事，情和義才是一回事。十三品人格應該用情和義來分等，不是情和理。第一品人不是至情至理之人，而是至情至義之人。品妍試穿新娘禮服，像個仙子；本該幻想隔天婚禮或者婚後的種種新鮮事；卻在怪她姨丈"理字只是工具啊，笨姨丈。居然拿工具來給人分等。但是，我同意姨丈把至情和慈悲畫上等號。佛陀言空，實存至情。你想想看，理是大自然的規律，當然沒有人明白至理。每個人，都只知道大自然的一小部分。現在把理字換成義字，那麼，在人類歷史中，就不會像笨姨丈那樣，找不到一個出名的第一品人了。現成的，佛陀馬上可以由第二品提升為第一品，對不對？"

品妍給吉他看過她姨丈的『十三品人格論』，那時吉他還在紐約。看了一次，當時覺得，那也只是一種分類方法，沒有什麼特別的印象。"對對，新娘子。妳姨丈也來看妳試穿禮服，就在外頭，當心他聽到那個笨字。" 品妍先是一怔"對喔，這樣子消遣一個『標準世界公民』是要下拔舌地獄的。" 接著笑起來"他不會計較的啦。而且，我還可以安撫他；理字真的很重要，你看，牛頓第三運動定律是一個至理吧？作用力等於反作用力，這情義兩個字完全靠這一個至理在運作。真的，就像那個好詞『我見青山多嫵媚，料青山見我應如是』。" 吉他現在回想，突然覺得，那也是一個『一針見血』的論調啊。

情義大多是相對的；私情固然是情人眼裡出西施，卻要兩情相悅才有趣味。公義固然是英雄俠女的本色，卻要公眾有情才能相配。吉他好欣慰自己終於挽回惜時的心，雖然婚期又變得遙不可及，卻真的是明明白白的兩情相悅。握了一下惜時的手，吉他忽然想起品妍最後的心願。

　　　　第32節。　　　品妍蠱

吉他於是決定，潘教授不幫忙，那就靠自己。他決定要完成品妍交代的任務。那樣，當品妍醒過來的時候，才更有意思。

162

伸手拍了拍王青的肩膀，"保持聯絡。我和惜時不能錯過班機，該走了。"王青點點頭，"謝謝你和惜時。"走出醫院，惜時感嘆的說，"要是換了我，我會比他更憔悴。想不到她本人看起來那麼美好。我喜歡她的嘴巴，睫毛，還有那個腰。護士給她換床單的時候，我看到了那個腰臀的曲線。啊，正威，我突然覺得你好可憐。那麼多年，看得到，摸不到。是不是啊？"

說著還用手肘在吉他的腰間碰了一下。"剛開始還好，品妍根本不讓人碰；第二年那一年，我是真的很慘。妳絕對無法想像的慘。"惜時倒是被勾起了興趣。"說幾個故事，讓我增長一點想像力。"吉他彎過手臂，握住惜時的手，"看，我自殺過一次。"吉他舉起左手，讓惜時看手腕上的疤。

吉他看著路面，緩緩的說"大二考完期末考，天氣已經很熱。我到品妍家的時候，品妍窩在沙發上睡午覺。短袖襯衫的一個衣襟掉在短牛仔褲外面，露出一角雪白的腰。有一個扣子鬆了，還可以看到一線內衣和乳溝。你也知道，品妍的手腳皮膚比臉和脖子的顏色要深一些；可妳不知道，她衣服裡面是多麼白。跟妳的差不多。但是，尤其是，一旦那個白和手腳，臉脖，三色分明的擺在一起；那種誘惑啊，真是我的剋星。我就常常覺得和王青相比，我的定力輸他太多了。他可以和妳談笑自若，可是，當我第一次看到妳的時候，腦袋裡頭，根本一片空白。妳也看到了品妍的嘴巴，雖然已經蒼白了些，然而在照片上完全看不出那種明朗的力量，對不對？可是，在我的夢中，那嘴唇簡直比真人的更聖潔。不論夢境如何改變，夢了將近兩年，我總是吻不到她的唇。王青告訴我，他也只能拉拉手，靠靠肩，連親臉頰或額頭都要有好理由。可是，他偷偷的親過幾次品妍的臉頰。王青說他第一次吻品妍是訂婚那一晚，還是騙來的。王青說，他很想，但是，在結婚以前卻都沒有偷吻，妳知道為什麼？"惜時說"不知道，無從想起。"

吉他說"只因為品妍明明白白的告訴王青，結婚以後才可以親嘴。王青就照辦。

163

其實，品妍的初吻，差一點就在她午睡那一天被我給偷走了。"吉他輕輕嘆了一聲"他們才是相配的一對。他們，沒有齷齪的念頭。""你很後悔沒有偷吻？"吉他握了一下惜時的手，"如果我偷吻了，我就不會自殺了。我會很忙，理不出頭緒，根本沒空自殺。我到現在還是不明白當時為什麼會看到聖光的異象，還想到自己的打勾蓋印，害我沒有吻成。我彎腰近距離看了至少有五分鐘，腰都酸了。剛想側頭去輕輕吻一下，品妍卻一伸腰，轉成正面向上。我嚇了一跳，以為她醒了；兩腳一軟，差點把上半身壓下去。趕忙腰部用力，跪坐了下去。從側面看著品妍安詳自在的美麗臉蛋。就是那時候，我好像看到一層柔和的光芒罩住了品妍的臉；不只是聖光，隱隱約約的好像還有很小聲的音樂。才呆呆的看了一會兒，卻忽然覺得我冒犯了一位天使。於是忽忽站起來。然而，我還是禁不住痴痴的看著她的臉。還是很想輕輕吻她一下。

這一次，不必側頭就可以直接吻上去。誰知道，當品妍的鼻尖和我的鼻尖快要接觸的時候，我忽然想到一個月前的打勾蓋印。品妍答應，如果我開演唱會她一定捧場。我還騙品妍打勾蓋印，就是一心想要和她肌膚相親。品妍也不為難，可是妳知道她怎麼說？"吉他眼睛看著前方，回想品妍的話，她只說"好，打勾蓋印，可是只此一次接觸。因為，我是受不住引誘的，所以我必須全面禁止。你同意了，我才和你約定。"吉他把品妍的話重覆了一次。"我既突然想到了品妍的條件，我又已經和她打勾蓋印，只好頹敗的收拾了雜念，回宿舍。"

吉他看向惜時，惜時正好也轉過頭來，吉他想，她是了解的。"回到宿舍，我在書桌前面由午餐坐到晚餐。想了好多品妍的種種可愛往事。最後，我竟然陷入一個深深的憂慮裡頭。我發現，我好像無法再度面對品妍。越想到她的美好，越擔心我沒有勇氣去見她。惜時，我們的事件只是大多數人都可以擁有的事件；但是，品妍的事件，有許多都是她的專屬事件。我們的事件也許比一般人的更美麗，但是，品妍的事件，是沒得比較的，特殊。"

164

惜時看了看吉他，點點頭“我想像得到。都已經是植物人了，還是韻味十足。可以想像她醒過來會有多大的生命活力。”吉他招了一輛計程車，兩個人坐了進去，“機場。麻煩您開快一些，時間有點趕。”一路上，吉他沒再說話，惜時也靠在他的肩膀，雙手抱著吉他的臂膀。吉他的跆拳道一直沒有擱下，肌肉結實，靠著很有安全感。

到了機場，吉他和惜時又成了旅客的視力焦點。男的又俊又壯，女的又美又媚，所以男旅客也看，女旅客也看；各取所需。惜時放掉了攀在吉他臂上的雙手，拉吉他到兩個空位坐下來。“快說，你是不是因為煩惱無法面對品妍而自殺？”吉他搖搖頭。“那又發生了什麼事？”“也沒有。我只是被無法面對品妍的絕望心情和一幕幕往事裡頭，品妍帶給我的喜悅，這兩種情緒擠來擠去，擠出了對自己的厭惡。雖然第二年，品妍拒絕了我所有的邀約，但是，只要能看著她我就滿心喜悅。她肯和我對話，我就無比快樂。惜時啊，當時我是深深染上了品妍這個毒癮了。可是，我從來不後悔那一段患上品妍蠱的日子。”

第33節。　　結婚

惜時突然拉過吉他的手，“正威，我們結婚好嗎？我不要系主任了，我要你。我也不要求你只想我一個人，其實，只要能看著你，我也是滿心喜悅。你剛才的話突然替我，把自己一直不很清楚的感覺給明明白白的說了出來。正威，我想，我已經不能沒有你。啊，我好喜歡你，好欣賞你。”惜時轉身，把吉他的另一隻手也抓過來，“正威，喂，林正威，你看著我啊。”吉他的一顆心還沒適應過來。這個惜時說話完全不顧時機，常常讓吉他受不了環境變化。原本還在回憶自殺的強烈心理衝突，她偏偏送來一個天大的好消息，讓吉他的心狂跳起來。就像她半年前同意結婚，把吉他樂得又叫又跳，連跳三下，每一下都碰到辦公室的天花板。同事都笑著看，為他高興。

165

誰知道，才隔了兩分鐘，下一通電話宣布結婚的良辰吉日卻是發布系主任職位那一天算起的第七天。惜時說，她只要簡單的婚禮；可是那個婚期消息，卻整得吉他到處訴苦。他的同事光是用那一個件事，就糗他糗了半年。吉他實在拿她沒辦法。

"惜時啊，我不敢看妳。如果妳是開玩笑，逗我，那我可真的受不了。" 吉他是認真的，不敢轉身。"好啦，轉過來嘛。我也是認真的。" 吉他這下子是樂透了，轉過身，雙手反抓惜時的手，盯住她的丹鳳眼，"惜時，喔惜時。我好幸福。" 說完，放掉惜時的手，捧住她的臉頰，輕輕吻了一下芳唇，"謝謝妳。" 突然有人帶頭鼓掌，於是不少旅客就跟著鼓掌呼叫。惜時白了吉他一眼，滿臉嬌羞。那就更惹得兩個青年旅客吹了幾聲色狼口哨。吉他認為立刻出去走走才是解圍之道，"惜時，我們起來走走好不好？"惜時跟著站起來。誰知道，那樣做，反而引起更大的騷動。那兩個青年旅客原來是學生旅遊團的，看到惜時站起身來，那種嬌柔而天然的魔幻媚力，立刻又是"哇塞，好正點。" "黑豹，我就說有人比你的馬子漂亮十倍，看吧，二十倍都有" "走，反正欣賞又不犯法。" 又是各種怪叫，多種口哨，整團二三十人對著吉他和惜時半包圍的走近。好在機場警衛十分機警，先吹了兩聲哨子，拿出警棍跑過來制止。那群學生才退了回去。吉他和惜時就趁機會離開那群學生。走進一個咖啡店。坐了下來，吉他忍不住盯著惜時誘人的臉龐詳詳細細的欣賞起來。惜時就拿出墨鏡戴上，同時把外套穿著，遮住雪白的臂膀。"再看，以後出門都是這個鬼樣子。"

吉他趕忙站起來，輕輕幫她把墨鏡取下來。坐了下來，說 "是我不好。剛剛我走進店門的時候，突然想到有一次王青，品妍和我到西門町看電影。

也是遇到一群野學生，吹了幾聲色狼口哨，瘋言瘋語。王青和我剛剛起身，要去制止，品妍卻低著頭，抓住王青，低聲喝到 '坐下來，誰都不許動，把外套脫給我。' 然後她就小動作的穿上外套，保持低頭的姿勢。

166

那批小壞學生叫罵了一陣，漸漸乏味；加上電影開演，也就安靜了下來。品妍說‘去坐別的位子’。等坐定了，品妍這才把外套脫還王青，高高興興看電影。那群學生沒看完就離開了。惜時啊，我剛剛怎麼就那麼笨呢？”惜時說，“我也沒想到啊，又不是你一個人笨。”對著吉他笑了笑，又說“我就喜歡你和我一樣笨，這樣才能長長久久。”

在飛機上兩個人低聲細語，繞著結婚的事，有說有笑。“我要知道你自殺的大事。還是跟我說明白了，我好記下來，不去犯事。”惜時忽然又提起來，右手中指在吉他的左腕疤痕來回撫摸。“沒事了。不要緊張。我當時是鬼迷心竅，鑽牛角尖。恨自己不守信用，怕看到品妍的時候會抬不起頭，甚至於不敢去見品妍。又想，不能見品妍，還不如死了算了。我當時看著血在水龍頭底下一直流著，心中只念著反正品妍結婚以後我也沒辦法天天看到她，長痛不如短痛。後來在醫院，看到媽媽，我突然想到古人說的‘身體髮膚受之父母，不可損傷。’那時我看著媽媽，想著萬一我真的去了，她將情何以堪；不禁淚水盈眶，痛恨自己的無知。事後，我要求王青千萬不能告訴品妍。我想，品妍應該還不知道。現在妳知道了吧，我是不會再做這種傻事了。”惜時說“謝謝你告訴我。我不會跟品妍說的。我猜，是不是王青救了你？”

吉他好奇的說“是的，妳怎麼猜到的？”惜時輕笑一聲，打了一下吉他的手臂說“傻瓜，你自己告訴我的啊。你說大學四年，你的生活圈就圍在品妍和王青身邊轉。既然品妍不知道，那多半是王青去找你。你流的血多不多啊？好可怕，我差一點就碰不到你了。”吉他點點頭，感慨的說“是啊，我也差一點就碰不到我的好惜時了。王青說，他看到我側坐馬桶，趴在洗臉槽上，還以為我太累了。走近一看才知道我割腕，還好我昏過去以後，傷口離開了水龍頭正下方，水流只沖到手指頭，所以才保住了一條命。”

167

吉他把惜時輕輕摟住，“王青是我們真正的月下老人，他救了我，還讓我認識你。本來，妳的網路筆友是王青，妳大概還不知道吧？”惜時看起來是被嚇了一跳，“什麼？難怪你記錯了白老頭的隱形配方。”

惜時打了一下吉他的手臂，說，”還有，你說小麗是小娟的師妹。我當時以為你編的電腦遊戲太多了，記不清細節；好啊，原來你們是串通了來騙我。不過這一次我倒是喜歡被騙。王青根本吸引不了我。喂，林正威；看來我對你的認識有限得很啊。現在開始，重要的事我都要知道。”說著惜時用肩膀頂了一下吉他的腋下。“記住了。我也會對你坦白的。”吉他點點頭，右手在惜時的手臂，上下輕撫。

惜時雖然也去海邊，但是，她不曬太陽，不玩水。她游泳都在游泳池。在游泳池，惜時和品妍就完全是兩個極端。一個是穿著大膽，動作保守；另一個恰恰相反。品妍永遠是全身包得死死的，腰部還塞了自製海綿墊；可是跳水，潛水，打水戰，大聲笑鬧，把游泳池當成了海水浴場。惜時則是幾乎全裸的背面，只有三塊小布的前面，不是吉他長得壯，鬧事的人必定不只吉他所經歷的八批。吉他不怪那些富二代老是糾纏不清，可是吉他也不建議惜時，應該怎麼穿著。吉他只是提醒她，要保持警惕。吉他已經因為惜時打了兩次架，還有一次，剛要開打，警察就到了，全部抓到警察局。還好惜時跟了去，警官了解案情以後，就放了人。另外有一次差一點惹到官二代，好在吉他機警，及時讓惜時躲進女廁所；他出面把官二代的人馬引開，惜時才避免了騷擾。

那次以後，惜時大約也覺悟了。畢竟吉他能打也只有一雙手，而且，就像吉他講的，萬一不幸，那是後悔不及。加上惜時也想嫁了，她就把所有的三點式泳衣全部要吉他幫她給丟了。吉他拿到那一袋的泳衣，捨不得丟，說以後在自己的游泳池或噴水浴缸可以用啊。惜時的皮膚，全身都是白裡透紅的，粉嫩。惜時比品妍文靜多了。

168

吉他在王青和品妍那裡經歷過的把戲，隨便借用一兩個就把惜時逗得好高興。吉他突然發現，原來自己在惜時心中的魅力，就像是品妍在自己心中的魅力；可是自己吸引惜時的把戲，大多是品妍和王青的點子；而惜時吸引自己的卻只需要她本人。吉他忽然有感而發「不知道王青和品妍如何互相吸引？」「我也很好奇。你說說看。」「可能跟妳我的局勢差不多，王青認為品妍怎麼變都是他最喜歡的人，品妍呢，是看在王青能夠想辦法讓她開心。王青跟我說他是在大二暑假知道品妍決定要他，他才鬆了一口大氣；我也是今天才鬆了一口大氣。謝謝妳。」吉他輕輕捏了一下惜時的臂膀，鼻子在她頭髮上廝磨。吉他喜歡惜時這種有特色的髮香，也懷念品妍那種若有若無，淡淡的髮香。

第34節。　　　髮香

其實，吉他懷念的是大三那一個下午。學吉他的學生下課走了。品妍正開始抱佛腳，準備期末考。吉他痴痴的看著品妍往腦袋裡頭填資料，又用參考書來考驗她自己是否記對了資料。大約二十分鐘完成一科。只有英文花了半個多小時還在弄文法，背單字。品妍曾經說她打算到美國再學英文，所以在台灣呢，混得過去就好。吉他看她背幾個單字，翻一次書很費事，「來吧，我來幫妳對答案。」吉他就伸手要品妍的課本。品妍大約發現這個主意不錯，就把課本給吉他。「Mileage, intelligence, encourage」「哇，你的發音比我們老師的好聽多了。M,i,l,e,a,g,e; i,n,t,e,l,l,i,g,e,n,c,e; e,n,c,o,u,r,a,g,e。對不對？」吉他那是第一次發現自己還有點創意。花了二十多分鐘幫品妍準備好英文，又幫她確認了幾個發音的問題，「是不是大功告成了？」品妍點一下頭，說「嗯，多謝你了。」「品妍啊，我不知道今天我是怎麼了，突然又想到一個一勞永逸的辦法。」「說來聽聽。」其實吉他也是剛想到這個主意，還不知道以後自己會不會後悔。「品妍，我們已經打勾蓋印，我答應不碰到妳，可是，有幾次，我還是碰到了一點點。」

169

"那些不小心的意外，不算。不然你有什麼辦法？"吉他遲疑了一會，還是決定賭一次，"其實這個辦法也是讓我保有妳這個朋友的保障。雖然機會不多，但是每一次看著妳午睡的樣子，我都有破壞諾言的慾望。"品妍認真的點頭說"我的直覺會告訴我，我的朋友守不守信。雖然，我偶而會懷疑我的直覺，但是，我已經決定，一生跟著直覺走。我會走到盡頭，一直走到不能不放棄的時候，我才會放棄我的直覺。"品妍的眼神非常明朗篤定，這對吉他來說，是一種鼓勵。"所以，我想到前一陣子的隔空散手。我想，如果你今天讓我好好的全身聞妳一遍，以後我決定和妳保持至少一公尺的距離。"

品妍的臉紅了一下，大聲說"喂，你這算什麼？這和隔空散手又有什麼關係？你現在必須說明白，否則我們就到今天此刻為止。"吉他一聽完，整個人都嚇呆了。他告訴自己，絕對要挽回品妍的誤解；不能再說錯一個字。吉他相信自己的臉色一定是蒼白的。有好一陣子，吉他的腦袋完全空掉了，只能眼睜睜的瞪著品妍嚴肅的臉。後來，他的思緒漸漸收攏，才能回想自己說過的話。

那才總算找到毛病，"啊，品妍，妳差一點沒把我給嚇死。是怪我沒有說清楚，可是，剛才我的靈魂真的差一點出竅。嚇死我了。我的意思當然是指沒有穿衣服的部分。向老天借膽，我也不敢對妳不敬的。對我來說，妳是一個永不妥協的天使，真的。既然妳相信直覺，妳應該知道妳在我心中的分量。我絕不會存心讓妳生氣的。都怪我的邏輯不完整，老是出錯。妳的直覺會告訴妳，我說全身的時候，的確是想著妳的頭和四肢的末端。剛才，在嚇迷糊之前，我還想著妳的腳臭不臭呢？"品妍這才一笑"嚇死你活該。年紀一大把了，說話瘋瘋癲癲的。你出了價，該我還價；除了衣服包著的部分，臉和脖子也不許聞。"吉他的心臟這才猛跳了幾下。吉他忍不住暗地裡罵了自己的心臟，後知後覺。

等心跳比較平穩了吉他才回答說"不聞臉，要聞脖子。"

品妍說，"可以，但是總共不能超過十分鐘。夠長了吧？"吉他跪了下去，"一小時。""神經病，二十分鐘，別再囉嗦。""四十分鐘。"品妍瞪了吉他一眼，"喂，林先生。又不是話劇排演。算了，那就三十分鐘。不要拉倒。"吉他一下子把所有心思全部集中起來。"要，當然要。妳隨意坐著就好。來，讓我們對時。那就三點五十五到四點二十五。好不好？"品妍點點頭。"不能接觸，頭髮也不行。"吉他的心跳還是有點快，"那妳把頭髮順一順。"品妍早上才洗澡，頭髮有點膨鬆，就隨手順了順。時間開動了，吉他卻沒有動作，他還沒有從突來幸福的撞擊效應，回復過來。看著品妍線條柔和的仕女手指，在黑髮間滑過，實在難以想像，她竟然是，北台灣高中女生，柔道錦標賽的第二名。吉他打算，就由手指仔細的看，好好的聞。"請抬起右手，品妍天使。"品妍白了他一眼，把右手舉平。"我手酸就要放下了。"吉他說"當然，但是，能不能請天使把芳手向上舉，比較不會酸？"品妍看了一下自己的短袖連身裙，說"等一下看腳的時候，你不會叫我倒立吧？"說著把手往桌上一擱，"就這樣，你自己安排時間，不是更好？等一下呢，我的腳就擱到椅子上。裙腳蓋到哪裡算哪裡。"吉他眼看被識破企圖，有點不好意思，"我當然不會要妳倒吊。可是妳怎麼就不能裝一次傻瓜呢？妳知道，腋下是，喔，算了，這樣已經太幸福了。"吉他是打定主意，要好好欣賞。品妍的手真的是柔若無骨的樣子，卻又能拿能打。吉他一時被造物主的神奇魔力給征服了，痴痴的看著。"我看你是有病，一隻手都能看那麼久。"品妍的右手手指在桌上打拍子。

吉他忽然把他的手放在品妍的手邊，"妳自己看看，一個那麼秀氣，看不出骨頭，指甲光滑平整；另一個呢？現在妳知道為什麼值得仔細看了吧？"說著，吉他縮回了自己的手，湊近看品妍的手，慢慢移動鼻子，真的聞起來。"請天使把手翻面。"吉他在臂彎停了一分多鐘；品妍臂彎的膚色和臉脖差不多，比手肘外部白多了。有淡淡的肥皂香。吉他依依不捨的轉向脖子和頭髮。那是齊耳的短髮，有一點向內卷。"天使是不是燙過頭髮啊？怎麼會向裡頭捲進去？"

171

"沒有啊，我也不清楚，有時候向外翹，有時候一邊翹一邊卷。反正上國中以後，從來就梳不直。我也懶得管它。"吉他看著品妍的耳朵，發現在耳朵後面的髮香比較膩一點。"喂，你都快把我的耳垂給燜熟了。"吉他想，可能是加上了自己呼吸的濁氣才變得有點膩吧。吉他對自己的耳朵長什麼樣子，毫無印象；可是覺得天使的耳朵好可愛。"妳右耳後面有一顆紅痣，朱紅色，小小的。"品妍說，"你不要跟我說了，我不想知道那個細節。搗蛋吉他，你可真懂得怎麼浪費我的記憶空間。"吉他就住口。越看越覺得品妍的下巴和長短適中的頸項，線條十分優美。在肘彎聞到的不太像肥皂香的氣味，在頸部接肩膀的地方，更濃了一些。吉他想，那是不是所謂的體香呢？

"天使，我要檢查妳有沒有喉結。請妳向上看，好不好？""看就靜靜的看。再瘋言瘋語的，我現在把我的手錶轉到四點二十五分。"說歸說，品妍還是抬頭讓吉他看喉嚨；又配合抬腳，足足讓吉他靜靜的看了三十分鐘。"妳的左腳比較香。"品妍狠狠盯了吉他一眼，"你設定一百公分的距離是為了定心，為何還放任你的大嘴巴給心裡添亂？我也不必拿東西丟你；不見你，我樂得清靜。再胡言亂語，看我還，回不回答你的話。"吉他想想也對，是應該開始收心了。"對不起，天使，不會有下一次了。"吉他不明白，為什麼品妍，想都不必想，隨便一說，就是重點？然而，自己也沒有亂說，品妍兩隻腳的味兒是不一樣。腳掌的掌紋也不一樣。可惜，沒有拍照，不能仔細對照。

第35節。　　再戰狹相

想著品妍，吉他輕聲說"惜時，雖然潘教授不肯支持，妳也不要求我在婚前有一定的成就，可是我想繼續挑戰狹義相對論。妳幫我從出版商的角度來批評文章的趣味性，好不好？""好啊。這叫做夫唱婦隨。回到家我們就開始。我們要讓潘教授後悔莫及。"

172

吉他笑笑，用手揉揉惜時的頭髮。"妳幫我出些主意，要把批評的意見和生活連起來。我們是兩個臭皮匠，勝過諸葛亮。我想，也許可以找王青寫一個電腦遊戲；不過，品妍說那是 B 案，要花錢的。惜時，我乾脆寫小說來宣傳狹相的荒謬。妳說好不好？只要花心思，多寫幾本讀者喜歡的，就會有更多人注意狹相的問題。妳來幫我製造有趣的對白，怎麼樣？"惜時立刻坐正了，滿眼期待的模樣，"全新的小說，對不對？這個主意好，我喜歡。"吉他沒想到惜時一下子變得這麼貼心。"啊，惜時，我好幸福。以前是王青幫我找對白。現在居然是我的老婆。"

吉他想拿張活頁紙開始計劃，可是看著那雙充滿活力，曼妙斜飛的眼睛，吉他卻捨不得移開目光。吉他就改變主意，要仔細欣賞佳人，先隨意聊聊。"惜時，我以前還沒有看過妳的眼睛，也能夠像品妍的那樣，暗藏強烈的希望。今天的妳，好特別。"惜時點點頭，眼中的精力忽然不見了，帶上一些迷惘，輕聲說"是啊，我都忘了上一次，我很想做什麼事的時候，是多久以前的事了。也許竟然是中學時代的事呢。中學時代我就想過，將來要當一個作家。這一次，我們必須好好寫一兩本暢銷書。就找我上班的那家公司出版。"吉他喜歡惜時這種比較柔和的眼神，可是，說到暢銷書，惜時的精神又來了。吉他輕聲說"好啊。妳給我們的書找最有創意的插畫大師和封面設計師。妳想，要找固定的只有一個時代的故事，還是輪迴的跨越兩個時代的故事？"

吉他剛平息的呼吸，不知為何又急燥起來，沒等到回答，吉他就說"惜時，我好想吻妳。"惜時閉上眼睛，輕聲回答"你愛怎麼吻就怎麼吻。"在飛機上，沒辦法放任激情去發洩；可是吉他的情感，先是被那個終於肯定的婚約，給高高撐起；然後呢，打從躲進機場的咖啡店到現在，不但沒有消退，還被惜時幾次鼓勵的眼神一再打氣；已經感到滿腔的熱浪洶湧，實在急需表白。可是聽到惜時答應，吉他卻發現自己居然口乾舌燥，還有一點顫抖；沒辦法平靜的，溫和的去吻她。"喔，惜時。"吉他先用鼻子在她的鼻尖慢慢磨著，調節氣息。

惜時的皮膚帶一點粉紅，都三十歲了，還是非常細嫩。持續好一會兒，吉他才緩緩移動嘴唇，去接觸她的嘴唇。那也是淡淡的，若有若無的碰撞，沿著她的唇線走。吉他就這樣聞著惜時的味道，享受第一次這麼安詳的心境。

這不是夢，惜時總算答應結婚；而且，一輩子跟定了自己。

過了四五分鐘，吉他怕惜時累了。分開一點點，說"我們這樣唇碰著唇說話，好不好？"惜時睜開眼睛說"這是誰的主意？"邊說邊碰靠著嘴唇。近距離看，惜時的睫毛帶一點藍色和紫色的反光，"我的。去年聖誕節我聽王青說，現在他只能在品妍睡覺時，偷吻她。已經持續兩年多了。我就替他想了這個辦法，可是他說，他能夠偷吻已經很幸福了。王青說，品妍睡覺很難被吵醒；所以偷吻其實另有一番趣味。王青根本不願嘗試我的主意。他說，他一點點都不想改變品妍。他一生的目的，就是要讓品妍為所欲為。可是，我覺得現在這樣，也蠻好玩。對不對？"惜時一笑，說"不知道能不能只靠這樣接觸，不出聲，就可以傳達消息？"

吉他發現惜時忽然變得好活潑。看來，這才是她的本性。吉他試著分析：如果惜時除掉了兩人心靈之間的所有障礙，她對吉他就不必設防。那麼，按照邏輯推理，這一定是惜時的本性。這個發現，讓吉他一下子好感謝上蒼。吉他把嘴唇移向惜時的耳朵，也是觸著耳朵，不動聲帶，悄悄的說"這樣算不算出聲？"惜時邊躲邊笑出聲，"癢死了。就愛搞蛋。"吉他才稍微退回身子，又看到惜時笑起來，那個近在眼前，誘人的嘴角；讓他忍不住又吻向惜時的嘴角。"惜時，我們把婚期再提前；或者先登記結婚，再請客好嗎？"仍然捨不得離開，吉他繼續觸著惜時的唇，再一次遊說"惜時，我們回去就約時間註冊結婚好嗎？我要盡快和妳住在一起。"惜時把吉他稍微推開，看著他，認真思考。吉他的燥熱感就漸漸散去。

看著那雙冷靜下來的丹鳳眼，吉他好像能夠猜到惜時都在考慮些什麼。這個起碼的自信，是被品妍給磨練出來的。 "對妳媽媽，妳可以這樣說；林正威一年多以前車禍，這次又看到郭品妍車禍；妳深深感受到人生的無常，就想儘快結婚。而且我們有出書計劃，我又已經有兩本成功的小說。根據這兩個因素，妳就說，妳仔細考慮了三小時，才做成了決定。怎麼樣？妳再想想，盯著我出書也的確比盯著我爭取系主任的職位更實際，更可靠。對不對？這個主意不錯吧？" 惜時嘴角微微揚起。

"我再想一下，別急。" 吉他現在的把戲多得是。他又拿出一張活頁紙，邊寫邊說 "寫小說和寫論文不一樣。幾乎所有動過的念頭都不必刪除。所以，我們能夠控制小說的進度。至於是否有出版社，願意出版我們的書；那只要讓妳媽媽看看我最近兩年的版費收入，她就有信心了。妳可以把我們的進度表，按月向妳媽媽報告。哪，就像這樣，有綱要，有預定字數。這樣擺出來，妳媽媽就不會再煩惱妳的生活，有沒有著落了。"

惜時拿過那張表格，看了看，還是煩惱著什麼。吉他知道惜時的妹夫是個富二代，當年追惜時，追得太累了，就娶了她妹妹。在吉他看來，那是釜底抽薪，至少有機會常常看到惜時。現在惜時可能正在後悔，剛剛共同設計的婚禮太寒酸了。

吉他知道，這個問題總要談清楚。 "惜時啊，北京有頭有臉的人物分成好多類。妳最想邀請到我們婚禮的，是哪一類？" 惜時立刻一臉的扭捏，好像被發現做錯了什麼事。然而她卻根本不加任何掩飾，而且馬上自我解嘲 "我就是這麼好勝。明明知道結婚是我們兩個人的事，卻老是想起妹妹的婚禮。怎麼辦？" 吉他想，如果品妍醒過來，事情就大有轉機。她才在香港上班一年，然而補辦婚禮時，卻是幾乎全香港各界，都有要角參加。品妍第一年帶著隨行秘書，最用得著秘書的場合不是民間企業的老闆，而是政府官員。亮麗的品妍，神氣的帶著秘書，才半年就把公司需要政府幫忙的事務都找到了人脈。所以品妍的薪水不斷的調高。補辦婚禮，女方的親朋有將近一半是政府官員，是男方的四倍。把她的公婆給樂透了。

吉他覺得品妍說的沒錯，我吉他這個人的確是政治旱鴨子一個。吉他現在想想，自己好像連學校校長，都沒有把握請得動。再看惜時，也是一副束手無策的樣子。他決定幫惜時把這一場婚禮較勁，盡力辦好。吉他一向面對事實，堅決的說「惜時，我們必定可以想到好辦法的。首先，我們要確定妳心中最在意的來賓。妳先選擇三類，第一是哪一類？第二，第三又是哪一類？妳好好想想。我們先這樣起個頭，確定方向。然後再找人幫忙。」

吉他忽然記起他陪品妍待在醫院的一個星期，老是有一群群的人，擁著各自的頭兒到品妍的病床探視。好像是黑社會的人物呢？吉他這才發現，品妍居然還有黑社會的人脈。他想到，為了惜時，他也和黑社會人物有不少接觸，卻都是設法躲開。兩個人，躲起來比較容易，了不起還可以打架。可是，以後有小孩怎麼躲？吉他不禁自問「不知道品妍剛開始的時候，是怎麼建立她的黑社會人脈的？」於是吉他決定把這件事當作第一要務，必須在結婚以前找到辦法。拿出記事本，吉他寫下，王青，黑社會。惜時輕聲問到「王青是黑社會的？」吉他搖搖頭說「有幾個黑社會的頭頭到醫院探望品妍。」「真的？」也難怪惜時驚訝，吉他自己也是剛剛才發現的。確實難以想像。「是啊，我也是剛剛才突然想起。讓我再回憶一次，嗯，至少有五次一定是黑社會的。第二批的規模最大，來了十幾個，進病房的只有五個。其中一個女的，二十出頭，看品妍，看了好久。隔了兩三天，她自己又來了一次。」　　　147
吉他瞇著眼睛想了想，又說「品妍究竟在什麼時候搭上黑社會的？」「所以，你要問問王青？」吉他點點頭。「我想，妳也不必急著確定妳心中的貴賓。我們的婚期可以延後去配合邀請動作的難度。三天怎麼樣？夠不夠長？」「好吧。我三天內想一個又有點可能，又不會再改變的名單。然後，我們再一起想辦法去邀請。」

惜時把身體坐正，屁股移向吉他，大腿緊貼著吉他的大腿，然後舒舒服服的靠向吉他，再一次確定，說「嗯。就這樣。」

吉他把手臂搭上惜時的脖子後面，撫摸著她涼涼的手臂；吉他忽然覺得好幸福。“真希望明天就可以註冊。今天晚上我到妳家去，把事情搞定；好不好？”惜時點點頭。吉他就開始構想反狹相的故事。他想，不能寫科幻小說了；必須非常寫實。吉他忽然有個主意，說“惜時，我想找一個物理系的女生當主角，妳來幫我結交她。記錄一切和相對論有關的言行，再加上一些合情合理，虛構的有趣情節和對白。怎麼樣？”“好像已經有了基本材料。可是我對相對論完全沒有概念，你要給我惡補一下。”“好，我給妳上一星期的課，然後，妳在我的班級挑一個主角，和她談相對論。我們的第一本書就這麼決定了。”

第36節。　　由天動到時動

吉他覺得自己已經咬定了這個一箭雙雕的主意，心中想要立刻動手寫寫給惜時的教材；可是又捨不得放棄惜時這般貼著的甜膩滋味。他就左手拿出記事本和原子筆，移到惜時胸前，把原子筆交給右手；歪歪扭扭的寫下狹相簡介四個字。可是，他卻不知道如何繼續。他不希望惜時陷入一般人的誤解裡頭，而且，他必須提供一個強有力的論點，讓惜時去說服女主角。吉他認為，所有的簡介資料都必須繞著那個論點來加強。他發現，他寫給潘教授的文章完全派不上用場，因為函數的概念和群眾的常識，距離太遠了。另外，他自己以前的物理教材，大多已經被品妍的姨丈給一一否定掉；自己也還不知道明年要怎麼教狹相這一個小單元的課程。吉他沒想到自己只能寫出一個標題，根本無法找出任何論點。卡了一會兒，吉他低頭看向惜時的鼻尖，她正好也抬頭看他，滿眼的問號，兩個人的鼻子還碰了一下。這麼一碰，吉他突然想起品妍的話。

品妍說過，因為知識不足，人們以為天動；同樣，因為知識不足，人們以為時動；根本不足為奇。

“我想到了。”吉他小聲興奮的說。

他在記事本的左邊，畫一個眼睛，底下寫 O，中間畫一個點，加上箭頭朝向眼睛，底下寫 A；在點 A 的右邊，隔一公分，畫一個箭頭射向右邊，尾巴底下寫 B。在 OAB 底下，分別歪扭的寫了 tO，tA，和 tB。邊畫邊說 "狹相主張，動得比較快的人，他的時間過得比較慢。如果一個人能夠以光速移動，那麼那個人的時間將會是靜止的。很新奇，對不對？" 惜時點點頭。

"現在，如果對 O 而言，A 以等速度 v 移近，而 B 以等速度 v 離開。那麼，狹相主張，A 和 B 這兩個人的時間速度都比 O 的時間速度要慢一些些。而且，按照狹相的公式，A 和 B 的時間速度應該一樣。" "狹相還有公式啊？" "是的。跟據狹相公式，時間速度是相對移動速度的函數。" 吉他發現這種姿勢實在沒辦法寫字，把筆記本移到兩個人中間；看著不像樣的圖形，決定不寫了。"我晚上再畫給妳看。現在，先說概念。" 把筆記本放回口袋，吉他一邊說 "狹相的公式，有三個層次可以分析。那就是過去的主要錯誤，現在的實驗結果，和未來的可能解答。" 一邊把左手又伸向右手，去拿回原子筆。經過惜時胸前，忍不住，輕輕罩住惜時的右乳，揉了起來。"每一個層次，都有幾個重點。" 惜時抬手，打了一下吉他做怪的手 "你這樣，我沒辦法專心。" 吉他也覺得一心無法兩用，只好左手拿回原子筆，繼續說 "一個是歷史事實，一個是過去一年的發展，再一個層次是未來的希望。未來的希望有兩個重點。一個是品妍姨丈提出來的『距離相對論』。我畫的這個歪七扭八的圖，就是用來說明『距離相對論』的。妳看，根據我們的經驗，過站不停的火車，開向車站的速度，看起來好像比開離車站的速度快一些。這就是『距離相對論』的主張。" 惜時點點頭 "好像是這樣。但是，那會不會是錯覺啊？" "『距離相對論』有公式，也有完整理論的支持和事實根據。另外一個未來的希望是度量絕對時間的工具。那是品妍姨丈看了蔡志忠的【東方宇宙四部曲】，自己推想出來的辦法。可是，現在人們還不知道有沒有固定頻率的發光器，也不知道人類何時能夠發明一種工具，可以計數『在一段時間內，到達工具接收器的』波峰個數。也許，根本找不到那種工具。"

惜時說"那麼，是不是要超越時代，在小說裡頭安排『未來工具』？我們還可以安排幾種特殊的『未來材料』，去製造『未來工具』。可是，我們好像需要查很多資料，會不會很麻煩呢？"

"當然麻煩囉。所以我想，既然我們的小說是生活記錄，這一類作品就必須在乏味的真實世界找趣味。而且，這樣就不必去煩惱特殊材料和那個未來工具。合不合理？""嗯。"吉他就繼續分析，說"我們的重點目標在建立『距相』來取代『狹相』，距相就是『距離相對論』。我們小說裡頭的主要內容是，妳和那個女生，詳細談論這一年來和狹相相關的物理實驗。可是，在至少兩個月的時間，妳必須設法和那個女生的生活打成一片。而且，一定要把那個女生的生活搞得趣味十足，尤其是，需要許多和性無關的趣味活動和對白。那樣小說才有吸引力。"惜時說"我一定努力挖點子，不知道王青有沒有心情幫我出點子？"

吉他覺得如果品妍醒過來，那麼惜時這個想法倒是很有道理。說"上計程車前，妳提到品妍如果醒過來，一定活力十足。其實，就在離開醫院之前，我突然收到品妍送來的信息，意思是她就快醒了。我想，如果品妍真的很快醒過來，那她和王青都會幫忙。可是，在品妍醒過來以前，我們只有靠自己了。必要的時候，就多加一些虛構的對白。現在妳來記下這些要點，然後我們就先把這個計劃放在一邊。"吉他用左手掏出了記事本和筆，遞給惜時。她邊寫邊說"學狹相，找女主角，融入她的生活中，至少兩個月。談狹相，並且，記錄所有的言行。所以，要想辦法把那一段生活，過得趣味十足。而且，不能有限制級的內容。"寫完，惜時說"可是，我還是想知道，品妍怎麼送信息？我不是嫉妒，純粹是好奇。你是聽到聲音嗎？"吉他說"不是，每一次都不是。""你看，很奇怪吧？""可是，前後大約有十一次了吧，這一次的不算，前面十次，只有一次是真的。品妍好像很喜歡逗我。"

"那，你有沒有收過別人的信息？啊，你還沒說那麼你是怎麼收信息的？"吉他認真的說"沒有。只收過品妍的。怎麼收？也不是用頭腦收，很奇怪，沒有那麼深入。應該是在眼睛附近吧，品妍就突然通知我，她快醒了。也沒有字，那我怎麼知道的？不是讀到也不是聽到，就把它算是想到吧。"惜時點點頭"也只好這樣歸類了。現在言歸正傳，我認為這是很有意思的計劃。我喜歡。"說完，把記事本放回吉他的上衣口袋。當她拿了筆要放到同一個口袋的時候，卻發現吉他的左手居然已經拉出她的套頭衫下擺，鑽進去，正朝著上方前進。她用原子筆對準他的手背，輕輕一戳。悄聲說"喂，快到北京了。回家再玩吧。"說完，把原子筆放回吉他口袋，還在他胸部戳了兩下。

於是，吉他已經退出一半的手又向上挺進，把惜時的胸罩都推出一個花邊，露在領口。惜時用指尖在吉他手背一點，吉他只好把手退出來；可是，接下來惜時移開了身體，卻是把胸罩解扣。惜時在肩膀抽出胸罩的吊帶，移過手肘，再把胸罩由另一個肩膀抽走，放到她的背包裡頭。然後，她的大腿又移近，靠緊吉他的大腿，貼向吉他。兩個人就再沒說話，直到飛機在北京降落。惜時的座位靠窗，卻沒看窗外一眼，讓吉他覺得好窩心。

第九段：呆姨丈

第37節。　　　第三主角：　呆姨丈

聽太太說起，醫陳才知道品妍出事了。已經在醫院昏迷一星期，還沒有醒過來。過兩天，品妍的兒子和女兒會從台灣來西雅圖，說是要來這兒和從歐洲過來的品妍聚會。醫陳對於植物人，那種類似冬眠的現象，一直十分著迷。

植物人不像冬眠的動物，春天到了自然就醒過來。究竟，身體的功能要恢復到什麼程度，植物人才會醒過來呢？植物人真是人類不可思議的一種存在。可是，這種事發生在品妍身上，卻是一點兒趣味都沒有。醫陳總覺得品妍必定可以給人類帶來一場超大型的文化轉變。她的乾脆，瀟灑，風趣，還有她的雙贏理念，以小輸換大贏的策略，信用第一的原則，尊重對方的態度，熱愛生活的做法，這些都是品妍說不完的人類榜樣。它們都深深的刻在醫陳的腦袋。

由人類最高的標準去看，醫陳認為，如果品妍成功的推展了『全民皆公』的政治結構，她就是聯合國的國母。如果品妍成功的建立了『距離相對論』的時間公式，她就是牛頓之後，全人類最有影響力的科學家。如果品妍成功的開發了；那個他還沒有機會對品妍提過的，最新全球文字方案，那麼她就是地球的倉頡。

醫陳知道，品妍絕對不能就這樣離開；否則，醫陳的那些計劃，恐怕都要隨著醫陳自己的肉身，進入棺材了。事實上，醫陳打算把自己火化，火化完，也不撿骨灰。

換句話說，醫陳的那三個計劃都要隨著醫陳自己的肉身而煙飛燼滅了。以上對於品妍的幻想，都只是醫陳自己的預期。

同樣的事情，到了品妍的手中，往往都有超乎人們想像的美好結局。所以醫陳深信，品妍可以把醫陳自己的三個計劃，全部超出預期進度的推展開來。造物主不會讓品妍就這樣死掉，祂絕對不會這樣浪費品妍的能力。

醫陳打算兩天以後，好好陪著品妍的孩子們，度過這一段等候的時間。醫陳的太太叫做J陳。在美國，先叫名再叫姓。所以，作者以後就把第三主角叫做醫，而他的太太叫做J。昨天J對醫說"兩年前我說，人生唯一重點是了解『絕對時間』那個真理。品妍說就，詳細分解，那個真理所以被一般人放棄的原因，主要是他們對人我和環境這兩樣事實抓錯了重點，而抓錯重點的主要原因是邏輯訓練不足。可是我忘了從這條思路挖一點東西出來。你有時間的時候，幫我挖挖這個『人我和環境』事件。"

第38節。　　人我和環境

西雅圖四季分明，冬雪夏汗。冬季至多只能維持一個星期的積雪，一年下雪的次數也不超過一隻手的手指數。而且隔三五年，就有一年沒雪。出汗的日子也是這樣少。也就是說，春秋兩季占了大多數的日子。春天比秋天稍微冷一些，醫要J等品妍的小孩來了，幫忙留意，別讓小孩子感冒了。

醫知道，品妍所說的環境不只是物理環境。但是，『溫飽乾淨』以後才能夠考慮精神層次的需求，品妍就常常建議她媽媽住到鄉下去，空氣好。然而，總是過不了她爸爸那一關。

品妍還說，人類最實用的發明是下水道系統和抽水馬桶。品妍又說，台灣最大的環境問題就是，核能廢料。核能發電在一九五六年由英國帶頭，而美國在隔年年底立刻跟上，所有國家都還沒有找出核能廢料的清理方法。台灣現在是在飲鴆止渴，而且深深陷入，如果沒有超高智慧的領袖，那麼就算中國接手，也已經無法改變現況。

一方面，中國也在增加核電廠；另一方面，中國人大多精於算計；找中國政府幫忙，成本多半高過找澳洲政府幫忙。好在中國的風力發電有望在今年第一次超過核力發電的量，台灣學習能力超強的，總能夠找到能源出路。

醫知道，其實，人類還沒有『真辦法』可以解決台灣的核廢料問題。那麼『假辦法』呢，就是多拉幾個國家，為了金錢，有禍同當。簡單的說，就是人為財死，為了錢，租給或賣給台灣一個核廢料儲存場。而中國政府有的是地方，只是，台灣必須歸順。即使台灣歸順，廢料儲存場還是得用買的，多半還得用高價買。除非有能人掌權，那就說不定可以談出一個好價錢。至於中國官員的算計傾向，根源於妥協文化，由來已久，不是一二十年可以改變的。

醫也知道，品妍說的算計傾向，不是無的放矢，而是現在的事實。J 是學法律的。她說，凡是一個法律，總要規定一個執行單位。尤其是在法律有重大改變的時候，執法單位的結構和辦事準則如果不能夠掌握現實，那麼政治就亂了。中國所以能夠由秦朝一統天下以後，維持一個大國的結構，在法律上，『蕭規曹隨』的做法是一大穩定因素。因為每一代的皇帝，都喜歡孔子的主張，所以只須要改變組織，重新分配職責。一般民生問題，都已經按照需要，按時改進；最重要的是君權至上，所以不論是北朝，五胡，元朝還是清朝，沒有不喜歡中國法律的外來皇帝。

第十段：品妍的么姨

第39節。　　　J

J在去年感恩節突然問醬"愛別人有三種表達的途徑，為他做事，說給他聽，和全心想他。你說哪一種的作用最強？哪一種的效果最好？哪一種的心情最佳？"醬想了想，這個人，把答案都說出來了"妳把順序給倒過來說了，對不對？""算你聰明。那麼，愛自己呢？是不是一樣？"醬再想了想，不太對勁，一般而言，告訴自己都不是用說的，只有瘋子才自言自語啊？至於想自己，全心的想？好像也只有自戀狂才會全心全意的想自己。一般人，想自己的時候，大多是跟著其他人或其他事物一起想，難道不是？這個人，到底要說什麼？"不是。愛自己的表達途徑啊，最強，最好和最佳的，都是為自己做事。"J點點頭說"你一定有你的道理。說明一下？"

醬說"妳到底想說什麼？其實愛別人，作用最強的『全心想他』，那個作用，卻是效果最差的。對他完全沒有作用，只對自己有作用。對自己的那個作用很強，然而，對自己並不好。為什麼？全心想他，就確實的把生命花在自我麻醉或自我摧殘裡頭。生命用掉了，可是，除了老了一點點，完全沒有別的任何結果。老化是一種很強烈的作用，不是嗎？"J說"你認為全心想他就是做白日夢？"醬覺得也不能把這兩個名詞等價起來，人是動物，動物不一定是人，就說"是做一種沒有結果的白日夢。妳知道，大部分的作家都必須做白日夢的，然而，他們做白日夢是在編故事，可能會賺錢。可能有結果。但是，全心想他呢，不會有結果。"J搖搖頭，說"我不喜歡你的答案。我認為愛人愛己是一樣的。可是，我說不出一個好道理，所以我才找你研究。我再想想辦法。"醬知道，J一定是找品妍研究。

果然，後來 J 告訴醫 "品妍說你老了，自己把答案都說得清清楚楚的，居然在填寫考卷那個關鍵的時刻，鬧糊塗，把一百分給寫成了六十六點六七分。『全心想他』是花費時間不得結果，『全心想我』，又有哪一點不同了？品妍說，那個呆姨丈一定是想到自戀狂，把自己給弄糊塗了。你說，你是不是那樣想？"醫當時呆住了，搞不懂品妍的腦袋，為何那麼靈巧？是啊，就算把『全心想自己的人』定義成自戀狂，那麼，全心想自己也是花費時間，不得結果啊。醫也不知道當時自己為什麼就想偏了。點點頭招認"是。"J 說"真的啊？品妍還說，那麼，『自言自語』在呆姨丈的字典裡頭，大概就是瘋子了。她說的對不對？"醫只好再點個頭。覺得自己是笨，不出聲和出聲又有甚麼差別？都是在對自己說話啊。好像有時候提醒自己，早晚開車要注意穿暗色衣服的行人，那就是愛自己的最有效方法啊。

J 拍了一下額頭，說"老天，品妍真成了你肚子裡的蛔蟲了。對了，你以前說，你支持『有恆為成功之本』，如果等不及增加自己的相關智慧，又不想放棄理想目標，那麼，照你說，要怎麼辦？"怎麼辦？醫當時隨口說"那個『我』，可以把理想目標降低一點啊。"J 就說"萬一降到最低的理想目標，那個目標也還高過自己的智慧程度，那怎麼辦？"

醫說"找人幫忙啊。如果找不到人，那是事緣如此，怨不得別人。只好去相信佛陀的四大皆空了。"J 說"這很難吧，也很沒有趣味啊。你還有沒有其他辦法？"

難嗎？醫認為，當那個『我』把理想目標向下調整的時候，那個『我』就開始移動天性在情義球裡頭的位置，把它向下推。如果那個『我』真的把自己的天性移到了最低調的情況，那麼，那個『我』的身心就已經處於，佛陀所謂的涅槃境地。也就是，身心已經在情義球的最低點，無愛無恨，無善無惡；只剩下，隨緣皆慈，一體大悲。

醫知道，本性難移；但是，按照人類歷史記載來判斷，絕大部分人們的理想目標都不必把自己的天性過度向下移動。醫認為，在遇到困難，求救無門的時候，最好的方法是多給自己一些時間。讓自己的心情可以緩一緩，重新評估理想目標的方向，研究橫向發展的機會；而不只是在數量上由大調小，直線下壓。畢竟，把理想目標壓得太低的話，一來，越低，就離本性越遠，越難壓；二來，越低，愛的強度就越弱，理想就越淡。說不定淡到自己都覺得不值得去做了。

在去年感恩節，醫就認真的告訴 J "那麼，真的降到底點的人，可以重估理想目標的方向。也就是在自己智慧不足的時候，要認真考慮第二或第三喜歡的事情。因為，每個人的天生才華不同，把理想目標移向自己才華較高的方向，那個理想目標自然可以設定得比較高一些，讓自己的一生有更高一些的成就。如果正好是藝術上的成就，還可以打破時空的限制，被更多的人贊賞。對不對？" 看 J 在思考，醫就由美國的感恩節想到感恩二字，醫認為，其實，可以正常工作，能夠快速移動的人，都應該感恩的。他們的理想目標都不必降得太低。等到年紀大了，老了，想快也快不了了，甚至於病了；才必須把理想目標降得很低。

看 J 還在思考，醫又由美國的感恩節想到了美國文化。雖然特別重視商業和武力的美國在大英帝國之後帶領人類走入今日的物質文明世界，但是，商業和武力都是以競爭為原則，所以，美國文化絕對無法建立一個和平世界。因為，競爭雖然可以強化個人的體智，可以製造刺激的事件，但是，它同時令人們不安。只有以合作為原則才能夠建立一個和平世界。

經過美國一百多年的引領，到了第二十一世紀，多數國家的治國方針已經完全由『合作原則』改變為『競爭原則』，而那些多數國家的文化也跟著由『情義至上』改變為『金錢至上』；那也就是，現在的全球文化。

186

在陸地被海洋隔離的時代，智勇雙全者為王，多數人們以合作為本，以情義為主，競爭只是一兩百年才使用一次的非常手段。到了殖民地時代，逐漸演變成在國內仍然以合作為本，可是，在殖民地就以競爭為本。殖民地時代的殖民地土著，也就是當地原有的居民，是介於公民和奴隸之間的次等公民。殖民帝國為了爭奪殖民地，經常在殖民地打戰；可是，在國內，殖民帝國仍然以合作為原則。

這個合作原則到了美國建國才逐漸改變。越來越多的國家跟著美國把百年一遇的帝王之爭縮短成四年一次的選戰。於是合作的文化就不得不逐漸被競爭文化給取代了。當然，合作的文化仍然像美國的感恩節一般苟延殘喘的活著。正想著苟活的合作文化，醬忽然聽到 J 說 "嗯，但是，我想，沒有其他方向可以轉移的人，應該不少。我就是其中一個。你剛剛所說的，對我們這些人來說，沒有實用效果。有空我再找品妍問問。" 醬認為 J 是太客氣了。除了烹飪的才幹，J 種的近百棵玫瑰花，和認真的專家種出來的，一般健康，一般漂亮。她最近還愛上了草本牡丹，所以院子裡頭，各個花國所佔的版圖，又不得不來一次大變動。

第 40 節。 美好的一天

每次上班，醬都會橫渡華盛頓湖。華盛頓湖是華盛頓州的第一大湖，有兩條高速公路穿過她，聯絡華盛頓州最大的兩個城市。醬搭的公車走北邊的五二〇州內高速公路，由車窗向南北兩面看出去，都是一大片的湖水，連綿不斷的綠岸，和開闊的天空。這種一天兩次的心靈盛宴，只要稍微留意去吸收，就有整天整晚，用不完的愉快心情。這樣的盛宴是一種自助餐，這餐館，只是一個開放給一般大眾使用的免費自動販賣機。不是嗎？只須按下選擇鍵，不必投錢。那個機器常年擺在固定的地方，而販賣機裡頭提供的則是，千變萬化的湖光山色；取之不盡，用之不竭。不限時間，任人欣賞。

可是，就算它是自動販賣機，它也不能自動服務。它就像站在街角的飲料自動販賣機；好多人在它身旁來來去去，但是，絕大多數的過客是不去投錢選購的。其實，很多行人或遊客，也許根本忽視了它的存在。根據醬的觀察，大多數巴士上的乘客，他們根本不看窗外那些好山好水的。也許，他們是如入芝蘭之室，久而不聞其香；看多了，也就不稀奇了。

品妍讀國三的時候，她問過醬"我們看每個小孩子都很可愛，幾乎每一個，對不對？為什麼大人不能夠和孩子一個樣呢？屘姨丈，你說說看？"醬到現在還沒有答案。作者也沒有答案。親愛的讀者，您可否教教我們？

睡覺前醬認真的想著，如果明天品妍醒過來，我一定要問問她"品妍啊，我們看每個小孩子都很可愛，對不對？為什麼大人不能夠像小孩子一樣可愛呢？是不是長大以後，可愛就被忙碌給掩埋了？是不是長大以後，自己喜愛的人時事地物，就少了？還是，長大以後，煩惱就多了？"

醬又想，品妍呢，她只要把眼珠轉一轉，tala 一聲，答案就出來了。想著想著醬就睡著了。

隔天一大早，不到五點，電話鈴突然響了。J去接電話，回來時，在醬耳邊說"品妍的孩子不來了，要從台灣直接回香港。品妍剛剛醒過來，醫生說目前只是虛弱，明天可以開始進一些流質的食物。醫院要確定各種新陳代謝都正常才肯放人。沒事的話，大約三四天就可以出院了。"醬握住了J的手，捏了捏，說"謝謝妳的好消息。"J又說"品妍的婆婆說，王青在電話上問她，知不知道麻竹筆筒？她說品妍睜開眼第一件事就是邊找邊問'麻竹筆筒呢？'他們都不知道什麼麻竹筆筒，你知道嗎？"

醬想了一下，說 "我沒聽品妍提起啊。我想，可能是麻竹筆筒的主人老是在品妍的耳邊催她早點回來陪伴麻竹筆筒吧。品妍的事件又多了一椿。以後得問問她。" J 說 "你別瞎猜了。你要不要和我一起回台灣一趟？順路去香港看看品妍？" 醬說 "好。我跟著妳走一趟，看品妍去。" 心中想著，今天真是美好的一天。

What I say & do today,
decide my future & define me.

今日的言行，造就明日的我。